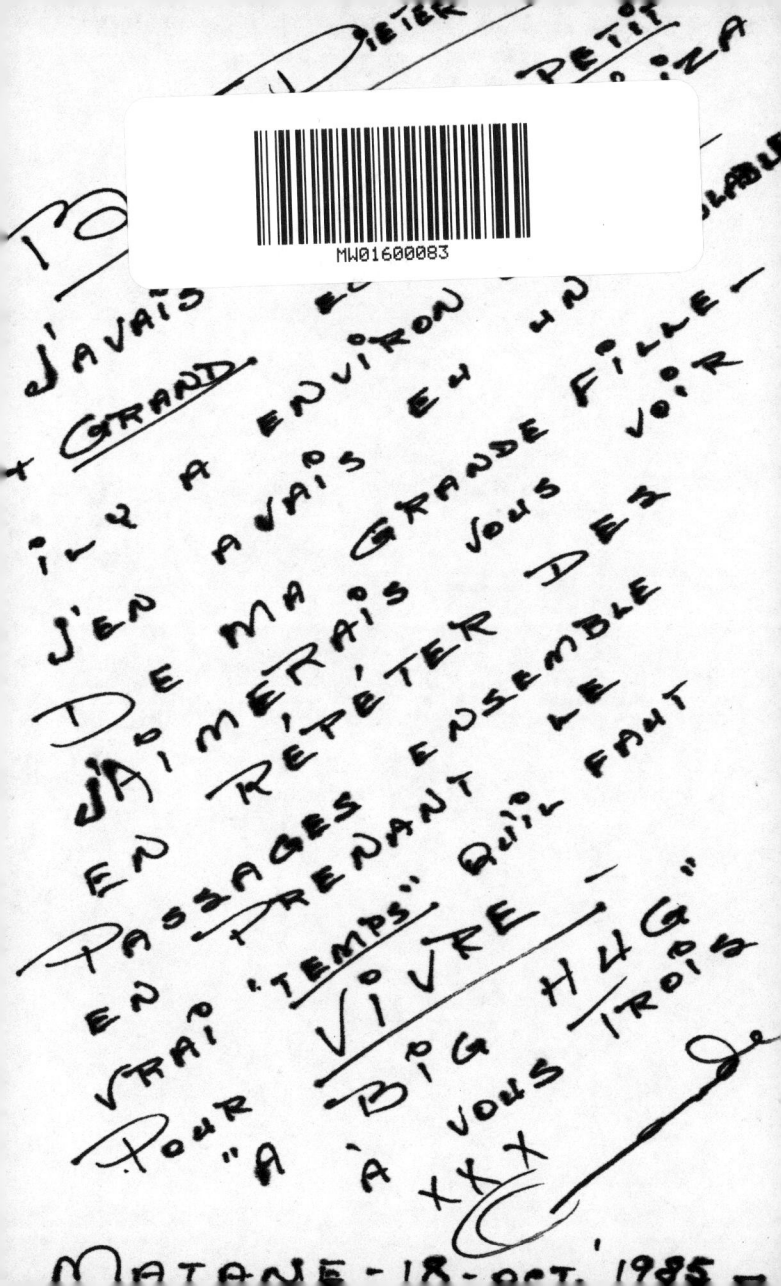

LETTRES

A UN JEUNE POÈTE

LETTRES
A UN JEUNE POÈTE

PAR

RAINER MARIA RILKE

Traduites de l'allemand

PAR

BERNARD GRASSET et RAINER BIEMEL

Suivies de Réflexions sur la Vie créatrice

PAR

BERNARD GRASSET

BERNARD GRASSET
PARIS

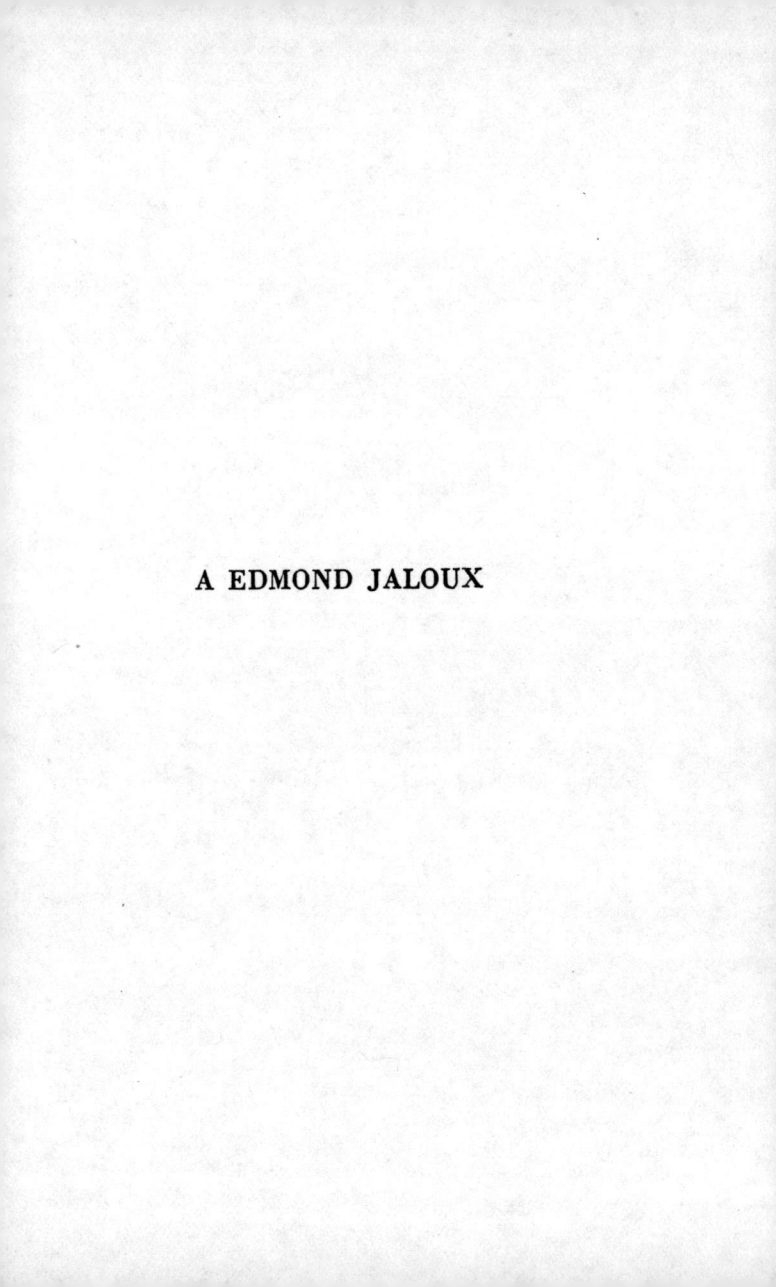

A EDMOND JALOUX

NOTE DE L'ÉDITEUR

Les *Lettres à un jeune poète* parurent pour la première fois en 1929 chez Insel, à Leipzig, sous le titre : *Briefe an einen jungen Dichter*. Il s'agissait de dix lettres que Rainer Maria Rilke avait adressées de 1903 à 1908 à un jeune homme qu'il ne connaissait pas, Franz Xaver Kappus, cadet à l'École militaire, et plus tard sous-lieutenant de l'armée impériale et royale d'Autriche-Hongrie.

Franz Xaver Kappus devait lui-même abandonner le métier des armes pour celui des lettres. Il a publié un certain nombre de romans.

PRÉFACE

DE L'ÉDITION ALLEMANDE

C'était à la fin de l'automne 1902. J'étais assis dans le parc de l'Académie militaire de Wiener-Neustadt, sous d'antiques châtaigniers. Je lisais. Ma lecture me prenait à ce point que je remarquai à peine qu'Horacek, aumônier de l'Académie, homme érudit et bon, venait vers moi. Il me prit des mains le volume que je tenais, contempla sa couverture et hocha la tête : « Poèmes de Rainer Maria Rilke ! » dit-il, songeur. Il feuilleta, parcourut quelques vers, jeta au loin un long regard et conclut : « Ainsi donc l'élève René Rilke est devenu un poète. »

PRÉFACE

Il m'entretint de Rilke, enfant chétif et pâle. Ses parents, quinze ans auparavant, l'avaient mis au Prytanée militaire de Sankt-Poelten, pour le préparer à la carrière d'officier. Horacek était alors aumônier de cette école. Il se souvenait fort bien de son élève d'autrefois. Rilke était un garçon silencieux, sérieux, très doué ; il se tenait volontiers à l'écart et supportait avec patience le joug de l'internat. Après quatre ans d'études, il passa avec ses camarades à l'École militaire supérieure, qui se trouvait à Maehrisch-Weisskirchen. Mais là, sa constitution devait se révéler par trop faible. Ses parents le retirèrent de l'école pour lui faire poursuivre ses études près d'eux, à Prague. Qu'était, depuis lors, devenue sa vie, Horacek n'en savait rien.

PRÉFACE

Sitôt après cet entretien, je décidai
d'envoyer à Rainer Maria Rilke mes
essais poétiques et de lui demander
de les juger. Ayant à peine vingt ans,
au seuil d'une carrière que je sentais
en tout point contraire à mes goûts,
je pensais que si quelqu'un devait
me comprendre, c'était bien le poète
de Mir zur Feier. Presque à mon
insu une lettre prit naissance qui
accompagna mes poèmes : je m'y
ouvrais plus entièrement que je ne
l'avais fait et que d'ailleurs je ne
devais jamais le faire.

De longues semaines passèrent
avant que la réponse ne me parvînt.
Celle que je reçus enfin portait, avec
un cachet bleu, le timbre de Paris et
pesait lourd dans la main. L'écriture
claire, belle et sûre de l'enveloppe se
retrouvait sur les feuillets de la lettre,

PRÉFACE

*de la première à la dernière ligne.
Ma correspondance avec Rainer Maria Rilke, qui commençait ainsi, dura jusqu'en 1908. Ensuite elle s'espaça : la vie m'avait poussé sur des voies dont précisément aurait voulu m'écarter l'intérêt chaleureux, tendre et touchant du poete. Mais là n'est pas l'important. L'important, ce sont les dix lettres que voici. Elles valent pour la connaissance de cet univers, dans lequel Rainer Maria Rilke a vécu et créé ; elles valent pour ceux qui grandissent et se forment maintenant, pour ceux qui se formeront demain. Mais quand un prince va parler, on doit faire silence.*

Berlin, Juin 1929.

Franz Xaver Kappus.

LETTRES

A UN JEUNE POÈTE

LETTRES

A UN JEUNE POÈTE

I

CHER MONSIEUR,

Votre lettre vient à peine de me
parvenir. Je tiens à vous en remer-
cier pour sa précieuse et large con-
fiance. Je ne peux guère plus. Je
n'entrerai pas dans la manière de vos
vers, toute préoccupation critique
m'étant étrangère. D'ailleurs, pour
saisir une œuvre d'art, rien n'est
pire que les mots de la critique. Ils
n'aboutissent qu'à des malentendus
plus ou moins heureux. Les choses
ne sont pas toutes à prendre ou à
dire, comme on voudrait nous le
faire croire. Presque tout ce qui

arrive est inexprimable et s'accom-
plit dans une région que jamais
parole n'a foulée. Et plus inexpri-
mables que tout sont les œuvres
d'art, ces êtres secrets dont la vie
ne finit pas et que côtoie la nôtre
qui passe.

Ceci dit, je ne puis qu'ajouter que
vos vers ne témoignent pas d'une
manière à vous. Ils n'en contiennent
pas moins des germes de personna-
lité, mais timides et encore recou-
verts. Je l'ai senti surtout dans
votre dernier poème : « Mon âme ».
Là quelque chose de propre veut
trouver issue et forme. Et tout au
long du beau poème « A Léopardi »
monte une sorte de parenté avec ce
prince, ce solitaire. Néanmoins, vos
poèmes n'ont pas d'existence pro-
pre, d'indépendance, pas même le

dernier, pas même celui à Léopardi.
Votre bonne lettre qui les accom-
pagnait n'a pas manqué de m'expli-
quer mainte insuffisance, que j'avais
sentie en vous lisant, sans toute-
fois qu'il me fût possible de lui don-
ner un nom.

Vous demandez si vos vers sont
bons. Vous me le demandez à
moi. Vous l'avez déjà demandé à
d'autres. Vous les envoyez aux
revues. Vous les comparez à d'au-
tres poèmes et vous vous alarmez
quand certaines rédactions écartent
vos essais poétiques. Désormais
(puisque vous m'avez permis de
vous conseiller), je vous prie de
renoncer à tout cela. Votre regard
est tourné vers le dehors; c'est
cela surtout que maintenant vous
ne devez plus faire. Personne ne

peut vous apporter conseil ou aide, personne. Il n'est qu'un seul chemin. Entrez en vous-même, cherchez le besoin qui vous fait écrire : examinez s'il pousse ses racines au plus profond de votre cœur. Confessez-vous à vous-même : mourriez-vous s'il vous était défendu d'écrire? Ceci surtout : demandez-vous à l'heure la plus silencieuse de votre nuit : « Suis-je vraiment contraint d'écrire? » Creusez en vous-même vers la plus profonde réponse. Si cette réponse est affirmative, si vous pouvez faire front à une aussi grave question par un fort et simple : « *Je dois* », alors construisez votre vie selon cette nécessité. Votre vie, jusque dans son heure la plus indifférente, la plus vide, doit devenir signe et témoin d'une telle poussée. Alors, approchez de la nature. Essayez de dire, comme si vous étiez le premier homme, ce que vous voyez, ce que vous vivez, aimez, perdez. N'écrivez pas de poèmes d'amour. Évitez d'abord ces thèmes trop courants : ce sont les plus difficiles. Là où des traditions sûres, parfois brillantes, se présentent en nombre, le poète ne peut livrer du propre qu'en pleine maturité de sa force. Fuyez les grands sujets pour ceux que votre quotidien vous offre. Dites vos tristesses et vos désirs, les pensées qui vous viennent, votre foi en une beauté. Dites tout cela avec une sincérité intime, tranquille et humble. Utilisez pour vous exprimer les choses qui vous entourent, les images de vos songes, les objets de

vos souvenirs. Si votre quotidien
vous paraît pauvre, ne l'accusez
pas. Accusez-vous vous-même de
ne pas être assez poète pour appeler
à vous ses richesses. Pour le créa-
teur rien n'est pauvre, il n'est pas
de lieux pauvres, indifférents. Même
si vous étiez dans une prison, dont
les murs étoufferaient tous les bruits
du monde, ne vous resterait-il pas
toujours votre enfance, cette pré-
cieuse, cette royale richesse, ce tré-
sor des souvenirs ? Tournez là votre
esprit. Tentez de remettre à flot de
ce vaste passé les impressions cou-
lées. Votre personnalité se fortifiera,
votre solitude se peuplera et vous
deviendra comme une demeure aux
heures incertaines du jour, fermée
aux bruits du dehors. Et si de ce
retour en vous-même, de cette plon-

gée dans votre propre monde, des
vers vous viennent, alors vous ne
songerez pas à demander si ces vers
sont bons. Vous n'essaierez pas
d'intéresser des revues à ces tra-
vaux, car vous en jouirez comme
d'une possession naturelle, qui vous
sera chère, comme d'un de vos
modes de vie et d'expression. Une
œuvre d'art est bonne quand elle
est née d'une nécessité. C'est la
nature de son origine qui la juge.
Aussi, cher Monsieur, n'ai-je pu vous
donner d'autre conseil que celui-ci :
entrez en vous-même, sondez les
profondeurs où votre vie prend sa
source. C'est là que vous trouverez
la réponse à la question : devez-vous
créer ? De cette réponse recueillez
le son sans en forcer le sens. Il en
sortira peut-être que l'Art vous

appelle. Alors prenez ce destin, portez-le, avec son poids et sa grandeur, sans jamais exiger une récompense qui pourrait venir du dehors. Car le créateur doit être tout un univers pour lui-même, tout trouver en lui-même et dans cette part de la Nature à laquelle il s'est joint.

Il se pourrait qu'après cette descente en vous-même, dans le « solitaire » de vous-même, vous dussiez renoncer à devenir poète. (Il suffit, selon moi, de sentir que l'on pourrait vivre sans écrire pour qu'il soit interdit d'écrire.) Alors même, cette plongée que je vous demande n'aura pas été vaine. Votre vie lui devra en tout cas des chemins à elle. Que ces chemins vous soient bons, heureux et larges, je vous le souhaite plus que je ne saurais le dire.

A UN JEUNE POÈTE

Que pourrais-je ajouter? L'accent me semble mis sur tout ce qui importe. Au fond, je n'ai tenu qu'à vous conseiller de croître selon votre loi, gravement, sereinement. Vous ne pourriez plus violemment troubler votre évolution qu'en dirigeant votre regard au dehors, qu'en attendant du dehors des réponses que seul votre sentiment le plus intime, à l'heure la plus silencieuse, saura peut-être vous donner.

J'ai eu plaisir à trouver dans votre lettre le nom du professeur Horacek. J'ai voué à cet aimable savant un grand respect et une reconnaissance qui durent déjà depuis des années. Voulez-vous le lui dire? Il est bien bon de penser encore à moi et je lui en sais gré.

Je vous rends les vers que vous

m'aviez aimablement confiés, et
vous dis encore merci pour la cor-
dialité et l'ampleur de votre con-
fiance. J'ai cherché dans cette
réponse sincère, écrite du mieux
que j'ai su, à en être un peu plus
digne que ne l'est réellement cet
homme que vous ne connaissez pas.

Dévouement et sympathie.

RAINER MARIA RILKE.

II

Viareggio, près Pise (Italie), le 5 avril 1903.

Excusez-moi, cher Monsieur, si
je ne me souviens qu'aujourd'hui
— et avec gratitude — de votre
lettre du 24 février. J'ai été souf-
frant tous ces temps-ci, non pas
malade à vrai dire, mais accablé
d'une lassitude qui tenait de l'in-
fluenza et me rendait incapable de
quoi que ce fût. A la fin, rien ne
changeant, je suis parti vers cette
mer du Midi qui m'avait déjà été
bienfaisante. Mais je ne suis pas
encore d'aplomb. Écrire me pèse.
Prenez donc ces quelques lignes
pour beaucoup plus.

Il faut d'abord que vous sachiez

25

que vos lettres me font toujours plaisir. Je vous demande seulement de l'indulgence pour les réponses. Elles vous laisseront peut-être souvent les mains vides, car, au fond, et précisément pour l'essentiel, nous sommes indiciblement seuls. Pour se conseiller, pour s'aider l'un l'autre, il faut bien des rencontres et des aboutissements. Toute une constellation d'événements est nécessaire pour une seule réussite. Aujourd'hui je ne voudrais vous parler que de deux choses.

D'abord de l'ironie. Ne vous laissez pas dominer par elle, surtout à vos heures de sécheresse. Dans les moments créateurs efforcez-vous de vous en servir comme d'un moyen de plus pour saisir la vie. Employée pure, elle aussi est pure ; il ne faut

pas en avoir honte. Si vous vous
sentez trop de penchant pour elle,
si vous redoutez avec elle une inti-
mité grandissante, tournez-vous
vers de grandes et graves choses, en
face desquelles elle devienne petite
et comme perdue. Gagnez les pro-
fondeurs : l'ironie n'y descend pas.
Si elle vous accompagne jusqu'aux
bords de la grandeur, cherchez si
elle répond à une nécessité de votre
être. Sous l'action des choses gra-
ves, ou bien elle se détachera de
vous (c'est qu'elle n'était là que par
accident), ou, vous étant vraiment
innée, elle se forgera elle-même en
instrument précieux et prendra sa
place dans l'ensemble des moyens
dont vous devez former votre art.

La seconde chose dont je voudrais
vous entretenir est la suivante :

LETTRES

De tous mes livres peu me sont
indispensables : deux sont toujours
parmi les choses à ma portée, où
que je sois. Ici même ils sont près
de moi. Ce sont : la Bible et les
livres du grand poète danois Jens
Peter Jacobsen. A propos, connais-
sez-vous ses œuvres ? Vous pouvez
facilement vous les procurer. Une
partie en a paru, très bien traduite,
dans la Bibliothèque Reklam. Pro-
curez-vous le petit volume « Six
nouvelles » et le roman « Niels
Lyhne ». Commencez par la pre-
mière nouvelle, qui a pour titre
« Mogens ». Un monde vous saisira :
le bonheur, la richesse, l'insondable
grandeur d'un monde. Vivez quel-
que temps dans ces livres, appre-
nez-y ce qui vaut, selon vous, d'être
appris ; mais surtout aimez-les. Cet

A UN JEUNE POÈTE

amour vous sera mille et mille fois rendu, et quoi que devienne votre vie, il traversera, j'en suis certain, le tissu de votre être, comme une fibre essentielle, mêlée à celles de vos propres épreuves, de vos déceptions et de vos joies.

S'il me fallait dire de qui j'ai appris quelque chose sur la nature créatrice, ses sources, ses lois éternelles, deux noms seulement me viendraient; celui de Jacobsen, le grand, grand poète, et celui d'Auguste Rodin, ce sculpteur qui n'a pas son égal parmi tous les artistes d'aujourd'hui.

Et que tout vous réussisse!

Vôtre

RAINER MARIA RILKE.

III

Viareggio, près Pise (Italie), le 23 avril 1903.

Votre lettre pascale, cher Monsieur, m'a fait grand plaisir. Elle m'a dit de vous beaucoup de bonnes choses. La manière dont vous me parlez du cher et grand art de Jacobsen me montre que je ne me trompais pas en conduisant votre vie, et toutes ses questions, vers cette plénitude.

« Niels Lyhne » va maintenant s'ouvrir devant vous, livre de splendeurs et de pénétrations. Plus on le lit, plus il apparaît que tout y est : du parfum le plus léger de la vie à la pleine saveur de ses fruits les plus lourds. Il n'est rien là qui ne

soit compris, saisi, ressenti, et —
à la résonance vibrante du souve-
nir — reconnu. Rien n'y est petit.
Le moindre événement se déroule
comme une destinée, et la destinée
elle-même s'y déploie comme un
tissu, ample et magnifique, dont
chaque fil, conduit par une main
infiniment douce, se trouve pris
et maintenu par cent autres. Vous
allez connaître le grand bonheur de
lire ce livre pour la première fois.
Vous irez, comme dans un rêve,
d'étonnement en étonnement. Et
je puis vous dire que, dans la suite,
vous serez toujours à travers ces
pages le même marcheur émerveillé,
car elles ne sauraient jamais rien
perdre du charme féerique, de la
puissance miraculeuse de leur pre-
mière rencontre. On en jouit chaque

2

fois davantage. Elles vous rendent toujours plus reconnaissants, meilleurs, plus simples de regard, plus pénétrés de foi en la vie, et, dans la vie même, plus heureux et plus grands.

Lisez ensuite l'admirable livre sur le destin et les passions de « Marie Grubbe », les lettres de Jacobsen, ses pages de Journal, ses fragments et enfin ses vers qui, bien que médiocrement traduits, vivent en résonances infinies. Je vous conseillerais d'acheter à l'occasion la belle édition complète des œuvres de Jacobsen qui contient tout cela. Elle a paru en trois volumes, bien traduits, chez Eugène Diederichs à Leipzig, et ne coûte, si je me souviens bien, que cinq ou six marks le volume.

A UN JEUNE POÈTE

A propos de « Ici devraient être des roses » (œuvre d'une sensibilité et d'une forme incomparables), vous avez mille fois raison contre l'auteur de l'Introduction. Ici je vous adresse une prière. Lisez le moins possible d'ouvrages critiques ou esthétiques. Ce sont, ou bien des produits de l'esprit de chapelle, pétrifiés, privés de sens dans leur durcissement sans vie, ou bien d'habiles jeux verbaux ; un jour une opinion y fait loi, un autre jour c'est l'opinion contraire. Les œuvres d'art sont d'une infinie solitude ; rien n'est pire que la critique pour les aborder. Seul l'amour peut les saisir, les garder, être juste envers elles. Donnez toujours raison à votre sentiment *à vous* contre ces analyses, ces comptes rendus, ces

introductions. Eussiez-vous même
tort, le développement naturel de
votre vie intérieure vous conduira
lentement, avec le temps, à un au-
tre état de connaissance. Laissez à
vos jugements leur développement
propre, silencieux. Ne le contrariez
pas, car, comme tout progrès, il doit
venir du profond de votre être et
ne peut souffrir ni pression ni hâte.
Porter jusqu'au terme, puis enfan-
ter : tout est là. Il faut que vous
laissiez chaque impression, chaque
germe de sentiment, mûrir en vous,
dans l'obscur, dans l'inexprimable,
dans l'inconscient, ces régions fer-
mées à l'entendement. Attendez
avec humilité et patience l'heure de
la naissance d'une nouvelle clarté.
L'art exige de ses simples fidèles
autant que des créateurs.

A UN JEUNE POÈTE

Le temps, ici, n'est pas une mesure. Un an ne compte pas : dix ans ne sont rien. Être artiste, c'est ne pas compter, c'est croître comme l'arbre qui ne presse pas sa sève, qui résiste, confiant, aux grands vents du printemps, sans craindre que l'été puisse ne pas venir. L'été vient. Mais il ne vient que pour ceux qui savent attendre, aussi tranquilles et ouverts que s'ils avaient l'éternité devant eux. Je l'apprends tous les jours au prix de souffrances que je bénis : *patience* est tout.

RICHARD DEHMEL. — Il m'arrive avec ses livres (et avec lui-même aussi, car je connais un peu l'homme), à chacune de ses belles pages, de redouter que la suivante ne détruise tout, faisant du meilleur le pire. Vous l'avez assez bien défini

par ce mot : « Vivre et créer en rut. »
Au vrai, la vie créatrice est si près
de la vie sexuelle, de ses souffrances,
de ses voluptés, qu'il n'y faut voir
que deux formes d'un seul et même
besoin, d'une seule et même jouis-
sance. Et si, au lieu de « rut », on
pouvait dire « sexe » dans le sens
pur, élevé et large de ce mot, libéré
des suspicions de l'Église, l'art de
Dehmel serait très haut et de la
meilleure source. Sa puissance poé-
tique est grande, forte comme un
instinct. Elle a des rythmes à elle,
sauvages : elle jaillit comme d'un
roc.

Mais cette force n'est pas tou-
jours sincère, elle ne va pas sans
quelque pose (c'est là une des plus
dures épreuves du créateur : il doit
rester dans l'ignorance de ses meil-

leurs dons, ne pas même les pres-
sentir, au risque de les priver de
leur ingénuité, de leur virginité).
Quand la puissance qui subjugue
son être rencontre la sexualité, elle
ne trouve pas en Dehmel un homme
aussi pur qu'il le faudrait. Son
monde de l'amour n'est pas tout à
fait mûr, pas tout à fait purifié, pas
assez *humain*; ce n'est que l'instinct
du *mâle* : c'est du rut, de l'ivresse,
de l'inquiétude : il est chargé de ces
façons et de ces préjugés qui défigu-
rent l'amour. Parce qu'il n'éprouve
l'amour qu'en mâle, et non en
homme, il y a en lui quelque
chose d'étroit, de sauvage, dirai-je,
de haineux, de passager : il y a du
« non éternel » qui rabaisse son art
et le rend équivoque et douteux.
Cet art n'est pas sans taches : il

porte la marque du moment et de
la passion. Peu en restera. (Mais
n'en va-t-il pas ainsi presque de
tout l'art !) Il n'en donne pas moins
à jouir dans ce qu'il y a de grand.
Mais il ne faut pas s'y perdre et de-
venir un adepte de ce monde de
Dehmel, plein d'angoisses, d'adul-
tères, de désordre. Ce monde est
loin des vrais destins qui font plus
souffrir que des drames passagers,
mais qui, par contre, offrent plus
d'occasions d'être grand et d'affron-
ter la durée.

Enfin, pour ce qui est de mes
livres, j'aurais voulu vous envoyer
tous ceux qui pourraient vous faire
quelque plaisir. Mais je suis très
pauvre, et mes livres, dès qu'ils ont
paru, ne m'appartiennent plus. Je
ne peux même pas les acheter,

A UN JEUNE POÈTE

comme souvent je le désirerais,
pour les offrir à ceux qui leur
veulent du bien. — Aussi je me
contente de noter sur une fiche les
titres (et éditeurs) de mes ouvrages
récemment parus (en tout j'en ai
publié douze ou treize). Je ne peux
que m'en remettre à vous, cher
Monsieur, du soin d'en commander
à l'occasion. J'ai plaisir à savoir
mes livres chez vous.

Vôtre

RAINER MARIA RILKE.

IV

*En séjour à Worpswede, près Brême,
le 16 juillet 1903.*

J'ai quitté Paris il y a une dizaine
de jours, souffrant et las. Je suis
venu dans cette grande plaine du
Nord dont l'étendue, le calme et le
ciel devraient me guérir. Mais je
suis entré dans une longue pluie qui
laisse enfin aujourd'hui percer une
éclaircie sur le pays balayé d'inquié-
tude. Je profite de cette éclaircie
pour venir vous saluer.

Très cher Monsieur Kappus, j'ai
laissé longtemps sans réponse une
lettre de vous. Non certes que je
l'eusse oubliée; elle est de celles
qu'on relit toujours quand on les

retrouve. Je vous y ai vu de tout
près. Je parle de votre lettre du
2 mai; vous vous en souvenez cer-
tainement. La relisant aujourd'hui
dans le grand calme de ces lointains,
votre beau souci de la vie m'émeut
encore plus qu'à Paris, où tout ré-
sonne autrement et se perd dans le
bruit assourdissant qui fait vibrer
toutes choses. Ici, où un pays puis-
sant m'entoure, sur lequel traînent
les vents des mers, je sens que sur
ces questions et ces sentiments qui
ont dans leur tréfonds une vie
propre, nul homme ne saurait vous
répondre. Les meilleurs se trompent
d'ailleurs dans leurs mots quand ils
leur demandent d'exprimer le sub-
til, parfois l'inexprimable. Je crois
cependant que vous ne resteriez pas
sans réponses si vous vous teniez à

des choses comme celles qui refont actuellement mes yeux. Si vous vous accrochez à la nature, à ce qu'il y a de simple en elle, de petit, à quoi presque personne ne prend garde, qui, tout à coup, devient l'infiniment grand, l'incommensurable, si vous étendez votre amour à tout ce qui est, si très humblement vous cherchez à gagner en serviteur la confiance de ce qui semble misérable, — alors tout vous deviendra plus facile, vous semblera plus harmonieux et, pour ainsi dire, plus conciliant. Votre entendement restera peut-être en arrière, étonné : mais votre conscience la plus profonde s'éveillera et saura. Vous êtes si jeune, si neuf devant les choses, que je voudrais vous prier, autant que je sais le faire, d'être patient en face de tout ce qui n'est pas résolu dans votre cœur. Efforcez-vous d'aimer *vos questions elles-mêmes*, chacune comme une pièce qui vous serait fermée, comme un livre écrit dans une langue étrangère. Ne cherchez pas pour le moment des réponses qui ne peuvent vous être apportées, parce que vous ne sauriez pas les mettre en pratique, les « vivre ». Et il s'agit précisément de tout vivre. Ne vivez pour l'instant que vos questions. Peut-être, simplement en les vivant, finirez-vous par entrer insensiblement, un jour, dans les réponses. Il se peut que vous portiez en vous le don de former, le don de créer, mode de vie particulièrement heureux et pur. Poursuivez en ce sens, — mais, surtout, confiez-vous à ce qui vient.

Quand ce qui vient sort d'un appel
de votre être, d'une indigence quel-
conque, prenez-le à votre compte,
ne le haïssez pas. Les voies de la
chair sont difficiles, certes. Mais
c'est du difficile que nous devons
porter. Presque tout ce qui est
grave est difficile; et tout est grave.
Si seulement vous parvenez à le
reconnaître, si vous arrivez par
vous-même, par vos dons à vous,
par *votre* nature, par *votre* expé-
rience à vous depuis votre enfance,
par votre puissance propre, à créer
un rapport entre vous et la chair,
qui soit bien à vous et dégagé de
toute convention, de toute mode,
— alors vous ne devez plus craindre
de vous perdre et d'être indigne de
votre bien le plus précieux.

La volupté de la chair est une

chose de la vie des sens au même titre que le regard pur, que la pure saveur d'un beau fruit sur notre langue. Elle est une expérience sans limites qui nous est donnée, une connaissance de tout l'univers, la connaissance même dans sa plénitude et sa splendeur. Le mal n'est pas dans cette expérience, mais en ceci que le plus grand nombre en mésusent, proprement la galvaudent. Elle n'est pour eux qu'un excitant, une distraction dans les moments fatigués de leur vie, et non une concentration de leur être vers les sommets. Les hommes ont, du manger aussi, fait autre chose; indigence d'un côté, pléthore de l'autre, ont troublé la clarté de ce besoin. Ainsi ont été troublés tous les besoins simples et profonds, par lesquels la vie se renouvelle. Mais chacun, pour soi-même, peut les clarifier et les vivre clairement. Sinon tous, du moins l'homme de solitude. Il est donné à celui-là de reconnaître que toute beauté, chez les animaux comme chez les plantes, est une forme durable et nue de l'amour et du désir. Il voit les animaux et les plantes s'accoupler, se multiplier et croître, avec patience et docilité, non pour servir la loi du plaisir ou de la souffrance, mais une loi qui dépasse plaisir et souffrance et l'emporte sur toute volonté ou résistance. Fasse que ce mystère, dont la terre est pleine jusque dans ses moindres choses, l'homme le recueille avec plus d'humilité : qu'il le porte, qu'il le supporte plus gravement ! Au lieu de le prendre à la

légère, qu'il ressente combien il est
lourd! Qu'il ait le culte de sa fécon-
dité. Qu'elle soit de la chair ou de
l'esprit, la fécondité est « une » : car
l'œuvre de l'esprit procède de
l'œuvre de chair et partage sa na-
ture. Elle n'est que la reproduction
en quelque sorte plus mystérieuse,
plus pleine d'extase, plus « éter-
nelle » de l'œuvre charnelle. « Le
sentiment que l'on est créateur, le
sentiment que l'on peut engendrer,
donner forme » n'est rien sans cette
confirmation perpétuelle et univer-
selle du monde, sans l'approbation
mille fois répétée des choses et des
animaux. La jouissance d'un tel
pouvoir n'est indiciblement belle et
pleine que parce qu'elle est riche
de l'héritage d'engendrements et
d'enfantements de millions d'êtres.

En une seule pensée créatrice revivent mille nuits d'amour oubliées qui en font la grandeur et le sublime. Ceux qui se joignent au cours des nuits, qui s'enlacent, dans une volupté berceuse, accomplissent une œuvre grave. Ils amassent douceurs, gravités et puissances pour le chant de ce poète qui se lèvera et dira d'inexprimables bonheurs. Tous ils appellent l'avenir. Et, même quand ils font fausse route, quand ils sont aveugles dans leurs étreintes, l'avenir vient. Un homme de plus se lève, et du fond du hasard, semblant seul ici obéi, s'éveille la loi qui veut que tout germe fort et puissant perce son chemin vers l'œuf qui s'avance ouvert. Ne vous laissez pas tromper par les apparences. Dans le profond tout est loi. Et pour ceux

qui vivent mal ce mystère, qui se
fourvoient, — et c'est le plus grand
nombre, — le mystère n'est perdu
que pour eux-mêmes. Ils ne le trans-
mettent pas moins aux autres,
comme une lettre scellée, sans en
rien connaître. Que l'infinie variété
des cas, la multiplicité des mots qui
les désignent, ne vous fassent pas
douter là. Tout est peut-être régi
par une vaste maternité, une com-
mune passion. La beauté de la jeune
fille, de cet être qui, comme vous le
dites si joliment, « n'a encore rien
donné », est faite à la fois du pres-
sentiment, du désir et de l'effroi de
la maternité. La beauté de la femme
quand elle est mère est faite de la
maternité qu'elle sert : et quand elle
est parvenue à la vieillesse, de ce
grand souvenir qui vit en elle.

L'homme, me semble-t-il, est aussi maternité, au physique et au moral; engendrer est pour lui une manière d'enfanter, et c'est réellement « enfanter » que de créer de sa plus intime plénitude. Les sexes sont peut-être plus parents qu'on ne le croit; et le grand renouvellement du monde tiendra sans doute en ceci : l'homme et la femme, libérés de toutes leurs erreurs, de toutes leurs difficultés, ne se rechercheront plus comme des contraires, mais comme des frères et sœurs, comme des proches. Ils uniront leurs humanités pour supporter ensemble, gravement, patiemment, le poids de la chair difficile qui leur a été donnée.

Mais tout ce qui ne sera qu'un jour lointain possible au nombre, l'homme de solitude peut dès maintenant en jeter la base, la bâtir de ses mains qui se trompent moins. Aussi, cher Monsieur, aimez votre solitude, supportez-en la peine : et que la plainte qui vous en vient soit belle. Vous dites que vos proches vous sont lointains ; c'est qu'il se fait un espace autour de vous. Si tout ce qui est proche vous semble loin, c'est que cet espace touche les étoiles, qu'il est déjà très étendu. Réjouissez-vous de votre marche en avant ; personne ne peut vous y suivre. Soyez bon envers ceux qui restent en arrière, sûr de vous et tranquille en face d'eux. Ne les tourmentez pas avec vos doutes. Ne les effrayez pas par votre foi, par votre enthousiasme : ils ne pourraient comprendre. Cherchez à communier avec eux dans le simple et dans le fidèle : cette communion ne doit pas nécessairement subir les mêmes transformations que vous. Aimez en eux la vie sous une forme étrangère. Ayez de l'indulgence pour ceux à qui l'âge fait redouter cette solitude à laquelle vous vous abandonnez. Évitez de nourrir le drame toujours pendant entre parents et enfants ; il use tant la force des enfants, et il épuise cet amour des vieux qui n'a pas besoin de comprendre pour agir et pour réchauffer. Ne leur demandez pas conseil. Renoncez à être compris d'eux. Croyez seulement en un amour, qui vous est gardé comme un bien d'héritage. Soyez certain qu'il y a dans cet amour une force, une bénédiction qui peuvent vous accompagner, aussi loin que vous alliez.

A UN JEUNE POÈTE

Il est bien que vous adoptiez d'abord une carrière qui vous rende indépendant et vous livre entièrement, et dans tous les sens, à vous-même. Attendez patiemment de savoir si votre vie la plus profonde se sent à l'étroit dans le cadre de votre métier. Je tiens ce métier pour difficile et plein d'exigences, alourdi qu'il est par le conventionnel, ne laissant aucune place à la personnalité. Mais votre solitude, même dans ces conditions contraires, vous sera soutien et foyer; c'est d'elle que vous tiendrez tous vos chemins. — Mes vœux sont prêts à vous y accompagner, et ma confiance.

Vôtre

RAINER MARIA RILKE.

V

Cher Monsieur,

Votre lettre du 29 août m'a joint à Florence, et c'est deux mois après que je vous en parle. Excusez ce retard, mais je n'aime pas écrire en cours de route. Il me faut pour écrire plus que le matériel indispensable ; il me faut un peu de silence et de retranchement, et une heure pas trop contraire.

Nous sommes arrivés à Rome il y a six semaines, à une saison où la Ville est encore vide, brûlante, et comme maudite, à cause de la fièvre. Ces circonstances, et des difficultés

d'installation, nous ont maintenus
dans une inquiétude qui ne finissait
pas. L'étranger pesait sur nous de
tout le poids du dépaysement.
A cela il faut ajouter que Rome
(lorsqu'on ne la connaît pas encore)
vous plonge, les premiers jours,
dans une tristesse accablante qui
vient du souffle de musée fade et
sans vie qu'elle exhale, de la multi-
tude de ses passés qu'on est allé
déterrer et que l'on conserve avec
peine (un présent médiocre s'en
nourrit), de la surenchère exercée
sur ces choses défigurées et défaites
par les philologues et les savants,
et, à leur suite, par les visiteurs
traditionnels de l'Italie. Toutes ces
choses ne sont au fond que des ves-
tiges qui sont là par hasard, qui
appartiennent à un autre temps, à

une vie qui n'est pas la nôtre, et qui
ne doit pas être la nôtre. Enfin,
après des semaines d'une défensive
quotidienne, on retrouve le chemin
de soi-même, encore un peu ahuri.
On se dit : Non, il n'y a pas ici plus
de beauté qu'ailleurs. Tous ces
ouvrages qu'entourent de leur culte
les générations successives, que des
mains de manœuvres ont rajustés
et restaurés, n'ont pas de significa-
tion, d'existence, de cœur, de va-
leur. — Si beaucoup de beauté est
ici, c'est que partout il y a beau-
coup de beauté. Des eaux, pleines
de vie, viennent à la Ville par ses
vieux aqueducs, dansent dans des
vasques de pierre blanche sur ses
places nombreuses, se répandent
dans de vastes et profonds bassins :
leur bruit du jour s'élève en un

chant durant la nuit, qui est ici majestueuse et étoilée, et douce sous la caresse des vents. Il y a ici des jardins, d'inoubliables allées, des escaliers conçus par Michel-Ange, à l'image des eaux qui tombent, amples dans leur chute, chaque marche naissant d'une autre marche, comme un flot d'un autre flot. On doit à de telles émotions de se recueillir, de se reprendre soi-même à la multitude envahissante qui parle et bavarde (et comme elle est loquace!). On apprend lentement à reconnaître les très rares choses où dure l'éternel, que nous pouvons aimer, la solitude à quoi nous pouvons prendre part dans le silence. J'habite encore en ville, sur le Capitole, non loin de la plus belle statue équestre que nous ait léguée l'art romain : celle de Marc-Aurèle. Mais dans quelques semaines je me transporterai dans une demeure simple et tranquille, vieil altana perdu au fond d'un grand parc, fermé aux bruits et aux provocations de la Ville. J'y passerai tout l'hiver et je jouirai de ce grand silence dont j'attends le cadeau d'heures bonnes et pleines...

De là-bas, où je serai plus chez moi, je vous écrirai moins brièvement et je reviendrai sur votre dernière lettre. Aujourd'hui je dois encore vous dire (j'aurais même dû le faire plus tôt) que l'ouvrage annoncé par votre lettre, contenant certains de vos travaux, ne m'est pas parvenu. Peut-être vous a-t-il été réexpédié de Worpswede (parce que l'on ne peut pas

faire suivre les paquets à l'étranger).
Cette éventualité serait la meilleure.
J'aimerais la savoir confirmée. J'es-
père que rien ne s'est égaré, ce qui
malheureusement est toujours à
redouter avec la poste italienne.

J'aurais reçu ce livre avec plai-
sir, comme tout ce qui vient de
vous ; quant aux vers qui sont nés
depuis, je les lirai si vous me les
confiez, je les relirai et les vivrai
avec autant de cœur que je le puis.

Salutations et vœux.

Vôtre

RAINER MARIA RILKE.

VI

Rome, le 23 décembre 1903.

Mon cher Monsieur Kappus,

Mon salut ne doit pas vous man-
quer pour le temps de Noël, quand,
au milieu de la fête, vous porterez
votre solitude plus durement qu'en
un autre temps. Si vous sentez
qu'alors votre solitude est grande,
réjouissez-vous-en. Dites-vous bien :
Que serait une solitude qui ne serait
pas une grande solitude ? La soli-
tude est *une* : elle est par essence
grande et lourde à porter. Presque
tous connaissent des heures qu'ils
échangeraient volontiers contre un
commerce quelconque, si banal et

médiocre fût-il, contre l'apparence
du moindre accord avec le premier
venu, même le plus indigne... Mais
peut-être ces heures sont-elles pré-
cisément celles où la solitude gran-
dit et sa croissance est douloureuse
comme la croissance des enfants, et
triste comme l'avant-printemps.
N'en soyez pas troublé. Une seule
chose est nécessaire : la solitude. La
grande solitude intérieure. Aller en
soi-même, et ne rencontrer durant
des heures personne, c'est à cela
qu'il faut parvenir. Être seul comme
l'enfant est seul quand les grandes
personnes vont et viennent, mêlées
à des choses qui semblent grandes à
l'enfant et importantes du seul fait
que les grandes personnes s'en
affairent et que l'enfant ne com-
prend rien à ce qu'elles font.

Le jour où l'on voit que leurs
soucis sont misérables, leurs métiers
refroidis et sans rapports avec la
vie, comment alors ne pas continuer
de les regarder, ainsi que fait l'en-
fant, comme chose étrangère, du
fond de son propre monde, de sa
grande solitude qui est elle-même
travail, rang et métier? Pourquoi
vouloir échanger le sage ne-pas-
comprendre de l'enfant contre lutte
et mépris, puisque ne pas com-
prendre c'est accepter d'être seul,
et que lutte et mépris ce sont des
façons de prendre part aux choses
mêmes que l'on veut ignorer?

Appliquez, cher Monsieur, vos
pensées au monde que vous portez
en vous-même, appelez ces pensées
comme vous voudrez. Mais qu'il
s'agisse du souvenir de votre propre

enfance ou du besoin passionné de
votre accomplissement, concentrez-
vous sur tout ce qui se lève en vous,
faites-le passer avant tout ce que
vous observez au dehors. Vos évé-
nements intérieurs méritent tout
votre amour. Vous devez pour ainsi
dire y travailler, sans perdre trop
de temps ni trop de force à éclaircir
vos rapports avec les autres. Qui
vous dit d'ailleurs qu'il en est pour
vous ? — Je sais, votre métier est
dur et vous heurte. J'avais prévu
vos plaintes ; elles devaient venir.
Maintenant qu'elles sont venues, je
ne peux pas les calmer. Tout ce que
je peux, c'est vous conseiller de vous
demander à vous-même si tous les
métiers ne sont pas ainsi, pleins d'exi-
gences, hostiles à la personne, comme
imbibés de la haine de ceux qui se

sont trouvés sans argument et maussades en face du devoir tout nu.

La condition dont vous devez actuellement vous accommoder n'est pas plus lourdement chargée de conventions, de préjugés et d'erreurs que n'importe quelle autre condition. S'il en est qui donnent l'apparence de mieux sauvegarder la liberté, aucune n'a les dimensions qu'il faut aux grandes choses dont est faite la vraie vie. Mais l'homme de solitude est lui-même une chose soumise aux lois profondes de la vie. Et quand l'un de ces hommes s'en va dans le jour qui se lève ou qu'il dresse son regard à la nuit tombante, cette heure pleine d'accomplissements, s'il sent ce qui s'y accomplit, alors il dépouille toute condition, comme un homme qui meurt, bien qu'il entre alors, lui, dans la vie véritable. Quant à vos traverses d'officier, cher Monsieur Kappus, vous en auriez connu de pareilles dans toute autre profession. Et même si, loin de tout métier, vous aviez cherché à créer entre vous et la société des rapports souples et libres, ce sentiment d'oppression ne vous aurait pas été épargné. Il en va partout ainsi, mais ce n'est pas une raison d'être inquiet ou triste. S'il n'est pas de communion entre les hommes et vous, essayez d'être près des choses : elles ne vous abandonneront pas. Il y a encore des nuits, il y a encore des vents qui agitent les arbres et courent sur les pays. Dans le monde des choses et dans celui des bêtes, tout est plein d'événements aux-

quels vous pouvez prendre part.
Les enfants sont toujours comme
l'enfant que vous fûtes : tristes et
heureux; et si vous pensez à votre
enfance, vous revivez parmi eux,
parmi les enfants secrets. Les
grandes personnes ne sont rien, leur
dignité ne répond à rien.

Si vous éprouvez angoisses et
tourments en évoquant votre en-
fance dans tout ce qu'elle a de
simple et de secret, parce que vous
ne pouvez plus croire en Dieu qui
s'y trouve à chaque pas, alors de-
mandez-vous, cher Monsieur Kap-
pus, si vous avez vraiment perdu
Dieu. N'est-ce pas plutôt que
vous ne l'avez jamais possédé?
Quand donc, en effet, l'auriez-vous
possédé? Croyez-vous que l'enfant
puisse le tenir dans ses bras, Lui que

l'homme fait porte avec tant de peine et dont le poids écrase le vieillard ? Croyez-vous que celui qui le possède pourrait le perdre comme on perd un caillou ? Ne pensez-vous pas plutôt que celui qui possède Dieu ne risque que d'être perdu par Lui ? — Mais si vous reconnaissez que Dieu n'était pas dans votre enfance, et même qu'il n'était pas avant vous, si vous pressentez que le Christ a été dupe de son amour, comme Mahomet le fut de son orgueil, si vous éprouvez avec effroi le sentiment, à l'heure même où nous parlons de Lui, que Dieu n'est pas, comment donc vous manquerait-il, ainsi que vous manquerait un passé, puisqu'il n'a jamais été, et pourquoi le chercher comme si vous l'aviez perdu ?

Pourquoi ne pas penser qu'il est

celui qui viendra, qui de toute éter-
nité doit venir, qu'il est le futur, le
fruit accompli d'un arbre dont nous
sommes les feuilles? Quoi donc vous
empêche de projeter sa venue dans
le devenir et de vivre votre vie
comme un des jours douloureux et
beaux d'une sublime grossesse? Ne
voyez-vous donc pas que tout ce qui
arrive est toujours un commence-
ment? Ne pourrait-ce pas être Son
commencement à Lui? Il est tant
de beauté dans tout ce qui com-
mence. Étant lui-même le parfait,
ne doit-il pas être précédé de
moindres accomplissements, afin
qu'il puisse tirer sa substance de la
plénitude et de l'abondance? Ne
faut-il pas qu'il vienne après tout,
pour tout contenir? Quel sens au-
rait notre poursuite si celui que

nous cherchons appartenait déjà au passé? A la façon des abeilles, nous le construisons avec le plus doux de chaque chose. Le plus petit, le moins apparent, venant de l'amour, nous est matière pour l'ébaucher. Nous le commençons dans ce travail, dans ce repos qui suit, dans ce silence, dans ce court élan de joie intérieure. Nous le commençons dans tout ce que nous faisons seul, sans l'assistance, sans l'adhésion des autres. Nous ne le connaîtrons pas dans notre existence, pas plus que nos ancêtres n'ont pu nous connaître dans la leur. Et pourtant ces êtres du passé vivent en nous, au fond de nos penchants, dans le battement de notre sang : ils pèsent sur notre destin : ils sont ce geste qui ainsi remonte de la profondeur du temps. Quoi donc pourrait nous priver de l'espoir d'être un jour en Lui, par delà toute limite?

Fêtez Noël, cher Monsieur Kappus, dans ce pieux sentiment. Pour commencer en vous, n'aurait-il pas besoin de votre angoisse devant la vie? Ces jours de traverses sont peut-être le temps où tout en vous travaille pour Lui. Déjà, enfant, vous avez travaillé pour Lui, haletant. Soyez patient et de bonne volonté. Le moins que nous puissions faire, c'est de ne pas plus Lui résister que ne résiste la Terre au Printemps, quand il vient.

Soyez joyeux et plein de confiance.

Vôtre

RAINER MARIA RILKE.

VII

MON CHER MONSIEUR KAPPUS,

Un long temps s'est écoulé depuis
votre dernière lettre. Ne m'en veuil-
lez pas. Travail, soucis quotidiens,
malaises m'ont empêché de vous
écrire. Et je tenais à ce que ma
réponse vous vînt de jours calmes
et bons. (L'avant-printemps, avec
ses vilaines sautes d'humeur, a été
ici fortement ressenti.) Aujourd'hui
je me sens un peu mieux et je viens,
cher Monsieur Kappus, vous saluer
et vous dire de mon mieux (je le
fais de tout cœur) diverses choses
à propos de votre dernière lettre.

Vous voyez, j'ai copié votre son-
net parce que je l'ai trouvé beau et
simple, et né dans une forme qui lui
permet de se mouvoir avec une
calme décence. De tous les vers que
j'ai lus de vous ce sont les meilleurs.
Je vous offre cette copie, sachant
combien il est important et plein
d'enseignements de retrouver son
propre travail dans une écriture
étrangère. Lisez ces vers comme s'ils
étaient d'un autre, et vous sentirez
tout au fond de vous-même com-
bien ils sont à vous.

Ce m'a été une joie de relire sou-
vent ce sonnet et votre lettre. Je
vous remercie de l'un et de l'autre.

Ne vous laissez pas troubler dans
votre solitude parce que vous sen-
tez en vous des velléités d'en sortir.
Ces tentations doivent même vous

aider si vous les utilisez dans le
calme et la réflexion, comme un ins-
trument pour étendre votre soli-
tude à un pays plus riche encore et
plus vaste. Les hommes ont pour
toutes les choses des solutions faciles
(conventionnelles), les plus faciles
des solutions faciles. Il est pourtant
clair que nous devons nous tenir au
difficile. Tout ce qui vit s'y tient.
Chaque être se développe et se défend
selon son mode et tire de lui-même
cette forme unique qui est son pro-
pre, à tout prix et contre tout ob-
stacle. Nous savons peu de choses,
mais qu'il faille nous tenir au difficile,
c'est là une certitude qui ne doit pas
nous quitter. Il est bon d'être seul
parce que la solitude est difficile.
Qu'une chose soit difficile doit nous
être une raison de plus de nous y tenir.

Il est bon aussi d'aimer; car l'amour est difficile. L'amour d'un être humain pour un autre, c'est peut-être l'épreuve la plus difficile pour chacun de nous, c'est le plus haut témoignage de nous-même; l'œuvre suprême dont toutes les autres ne sont que les préparations. C'est pour cela que les êtres jeunes, neufs en toutes choses, ne savent pas encore aimer; ils doivent apprendre. De toutes les forces de leur être, concentrées dans leur cœur qui bat anxieux et solitaire, ils apprennent à aimer. Tout apprentissage est un temps de clôture. Ainsi pour celui qui aime, l'amour n'est longtemps, et jusqu'au large de la vie, que solitude, solitude toujours plus intense et plus profonde. L'amour ce n'est pas dès l'abord se

donner, s'unir à un autre. (Que
serait l'union de deux êtres encore
imprécis, inachevés, dépendants?)
L'amour, c'est l'occasion unique de
mûrir, de prendre forme, de devenir
soi-même un monde pour l'amour
de l'être aimé. C'est une haute
exigence, une ambition sans limite,
qui fait de celui qui aime un élu
qu'appelle le large. Dans l'amour,
quand il se présente, ce n'est
que l'obligation de travailler à
eux-mêmes que les êtres jeunes
devraient voir (*zu horchen und
zu hämmern Tag und Nacht*). Se
perdre dans un autre, se donner à
un autre, toutes les façons de
s'unir ne sont pas encore pour eux.
Il leur faut d'abord thésauriser
longtemps, accumuler beaucoup.
Le don de soi-même est un achève-

ment : l'homme en est peut-être encore incapable.

Là est l'erreur si fréquente et si grave des jeunes. Ils se précipitent l'un vers l'autre, quand l'amour fond sur eux, car il est dans leur nature de ne pas savoir attendre. Ils se déversent, alors que leur âme n'est qu'ébauche, trouble et désordre. Mais quoi? Que peut faire la vie de cet enchevêtrement de matériaux gâchés qu'ils appellent leur union et qu'ils voudraient même appeler leur bonheur? — Et quel lendemain? Chacun se perd lui-même pour l'amour de l'autre, et perd l'autre aussi et tous ceux qui auraient pu venir encore. Et chacun perd le sens du large et les moyens de le gagner, chacun échange les va-et-vient des choses

du silence, pleins de promesses,
contre un désarroi stérile d'où ne
peuvent sortir que dégoût, pau-
vreté, désillusion. Il ne lui reste
plus qu'à trouver un refuge dans
une de ces multiples conventions
qui s'élèvent partout comme des
abris le long d'un chemin périlleux.
Nulle région humaine n'est aussi
riche de conventions que celle-là.
Canots, bouées, ceintures de sauve-
tage, la société offre là tous les
moyens d'échapper. Enclins à ne
voir dans l'amour qu'un plaisir, les
hommes l'ont rendu d'accès facile,
bon marché, sans risques, comme
un plaisir de foire. Combien d'êtres
jeunes ne savent pas aimer, com-
bien se bornent à se livrer comme
on le fait couramment (bien sûr, la
moyenne en restera toujours là) et

qui ploient sous leur erreur! Ils
cherchent par leurs propres moyens
à rendre vivable et fécond l'état
dans lequel ils sont tombés. Leur
nature leur dit bien que les choses
de l'amour, moins encore que d'au-
tres, importantes aussi, ne peuvent
être résolues suivant tel ou tel prin-
cipe, valant dans tous les cas. Ils
sentent bien que c'est là une ques-
tion qui se pose d'être à être, et
qu'il y faut, pour chaque cas, une
réponse unique, étroitement per-
sonnelle. Mais comment, s'ils se
sont déjà confondus, dans la préci-
pitation de leur étreinte, s'ils ont
perdu leur propre, trouveraient-ils
en eux-mêmes un chemin pour
échapper à cet abîme où a sombré
leur solitude?

Ils agissent à l'aveugle l'un et

l'autre. Ils usent leur meilleur vouloir à se passer de conventions comme le mariage, pour tomber dans des conventions moins voyantes certes, mais tout autant mortelles. C'est qu'il n'est, à leur portée, que des conventions. Tout ce qui vient de ces unions troubles, qui doivent leur confusion à la hâte, ne peut être que convention. Les rapports qui naissent de telles erreurs portent un compromis en eux-mêmes, même s'il est en dehors des usages (en langage courant : immoral). La rupture même serait un geste conventionnel, impersonnel, fortuit, débile et inefficace. Pas plus que dans la mort qui est difficile, dans l'amour, lui aussi difficile, celui qui va gravement n'aura l'aide d'aucune lumière, d'aucune réponse déjà faite, d'aucun chemin tracé d'avance. Pas plus pour l'un que pour l'autre de ces devoirs que nous portons, cachés en nous-mêmes, et que nous transmettons à ceux qui nous suivent sans les avoir éclaircis, on ne peut donner de règles générales. Dans la mesure où nous sommes seuls, l'amour et la mort se rapprochent. Les exigences de cette redoutable entreprise qu'est l'amour traversant notre vie ne sont pas à la mesure de cette vie, et nous ne sommes pas de taille à y répondre dès nos premiers pas. Mais si, à force de constance, nous acceptons de subir l'amour comme un dur apprentissage, au lieu de nous perdre aux jeux faciles et frivoles qui permettent aux hommes de se dérober à la gravité de l'existence, — alors peut-être un insensible progrès, un certain allégement pourra venir à ceux qui nous suivront, et longtemps encore après nous. Et ce serait beaucoup.

A peine en arrivons-nous aujourd'hui à considérer sans préjugés les rapports d'un être avec un autre. Nos tentatives pour vivre de tels rapports manquent d'exemples qui les guideraient. Et pourtant le passé enferme des ébauches de vie qui ne demandent qu'à aider nos pas hésitants.

La jeune fille et la femme, dans leur développement propre, n'imiteront qu'un temps les manies et les modes masculines, n'exerceront qu'un temps des métiers d'hommes. Une fois finies ces périodes incertaines de transition, on verra que les femmes n'ont donné dans ces

mascarades, souvent ridicules, que
pour extirper de leur nature les
influences déformantes de l'autre
sexe. La femme qu'habite une vie
plus spontanée, plus féconde, plus
confiante, est sans doute plus mûre,
plus près de l'humain que l'homme,
— le mâle prétentieux et impatient,
qui ignore la valeur de ce qu'il croit
aimer, parce qu'il ne tient pas aux
profondeurs de la vie, comme la
femme, par le fruit de ses entrailles.
Cette humanité qu'a mûrie la
femme dans la douleur et dans
l'humiliation verra le jour quand
la femme aura fait tomber les
chaînes de sa condition sociale. Et
les hommes qui ne sentent pas
venir ce jour seront surpris et vain-
cus. Un jour (des signes certains
l'attestent déjà dans les pays nor-

diques), la jeune fille sera; la femme sera. Et ces mots « jeune fille », « femme », ne signifient plus seulement le contraire du mâle, mais quelque chose de propre, valant en soi-même; non point un simple complément, mais une forme complète de la vie : la femme dans sa véritable humanité.

Un tel progrès transformera la vie amoureuse aujourd'hui si pleine d'erreurs (et cela malgré l'homme, qui d'abord sera devancé). L'amour ne sera plus le commerce d'un homme et d'une femme, mais celui d'une humanité avec une autre. Plus près de l'humain, il sera infiniment délicat et plein d'égards, bon et clair dans toutes les choses qu'il noue ou dénoue. Il sera cet amour que nous préparons, en luttant durement : deux solitudes se protégeant, se complétant, se limitant, et s'inclinant l'une devant l'autre.

Ceci encore : Ne croyez pas que l'amour que vous avez connu adolescent soit perdu. N'a-t-il pas fait germer en vous des aspirations riches et fortes, des projets dont vous vivez encore aujourd'hui? Je crois bien que cet amour ne survit si fort et si puissant dans votre souvenir que parce qu'il a été pour vous la première occasion d'être seul au plus profond de vous-même, le premier effort intérieur que vous ayez tenté dans votre vie.

Tous mes vœux, cher Monsieur Kappus.

Vôtre

RAINER MARIA RILKE.

VIII

Borgeby Gard, Fladie, Suède,
le 12 août 1904.

Je viens encore vous entretenir,
cher Monsieur Kappus, bien que
je n'aie guère à vous dire des
choses pouvant vous être de quel-
que secours ou utilité. De grandes
et multiples tristesses auraient donc
croisé votre route et leur seul pas-
sage, dites-vous, vous a ébranlé.
De grâce, demandez-vous si ces
grandes tristesses n'ont pas tra-
versé le profond de vous-même, si
elles n'ont pas changé beaucoup de
choses en vous, si quelque point de
votre être ne s'y est pas propre-
ment transformé. Seules sont mau-

vaises et dangereuses les tristesses
qu'on transporte dans la foule pour
qu'elle les couvre. Telles ces mala-
dies négligemment soignées et sot-
tement, qui ne disparaissent qu'un
temps pour reparaître ensuite plus
redoutables que jamais. Celles-là
s'amoncellent dans l'être : elles sont
bien de la vie, mais de la vie qui n'a
pas été vécue, qui est dédaignée,
comme abandonnée, et qui n'en
peut pas moins causer notre mort.
Si notre regard portait au delà des
limites de la connaissance, et même
plus loin que le halo de nos pressenti-
ments, peut-être recueillerions-nous
avec plus de confiance encore nos
tristesses que nos joies. Elles sont
des aubes nouvelles où l'inconnu
nous visite. L'âme, effarouchée et
craintive, se tait : tout s'écarte, un

grand calme se fait, et l'inconnais-
sable se dresse, silencieux.

Presque toutes nos tristesses sont,
je crois, des états de tension que
nous éprouvons comme des para-
lysies, effrayés de ne plus nous sen-
tir vivre. Nous sommes seuls alors
avec cet inconnu qui est entré en
nous, privés de toutes les choses
auxquelles nous avions l'habitude
de nous confier. Nous nous trou-
vons dans un courant dont il nous
faut subir le flot. La tristesse, elle
aussi, est un flot. L'inconnu s'est
joint à nous, s'est introduit dans
notre cœur, dans ses plus secrets
replis : déjà même ce n'est plus
dans notre cœur qu'il est, il s'est
mêlé à notre sang, et ainsi nous ne
savons pas ce qui s'est passé. On
nous ferait croire sans peine qu'il

ne s'est rien passé. Et pourtant,
nous voilà transformés comme une
demeure par la présence d'un hôte.
Nous ne pouvons pas dire qui est
venu, nous ne le saurons peut-être
jamais. Mais bien des signes nous
indiquent que c'est l'avenir qui
entre en nous de cette manière pour
se transformer en notre substance,
bien avant de prendre forme lui-
même. Voilà pourquoi la solitude et
le recueillement sont si importants
quand on est triste. Ce moment,
d'apparence vide, ce moment de
tension où l'avenir nous pénètre, est
infiniment plus près de la vie que
cet autre moment où il s'impose à
nous du dehors, comme au hasard
et dans le tumulte. Plus nous som-
mes silencieux, patients et recueillis
dans nos tristesses, plus l'inconnu

pénètre efficacement en nous. Il est
notre bien. Il devient la chair de
notre destinée. Il nous maintien-
dra étroitement à elle quand elle
s'échappera de nous pour s'accom-
plir, c'est-à-dire pour se projeter
sur le monde. Et il faut que ce soit
ainsi. Il est nécessaire — et c'est en
cela que tient tout notre dévelop-
pement — que nous ne rencontrions
rien qui ne nous appartienne déjà
depuis longtemps. La science a dû
déjà bien souvent modifier ses idées
sur le mouvement : de même n'ap-
prendrons-nous que peu à peu que
ce que nous appelons la destinée ne
vient pas du dehors à l'homme,
mais qu'elle sort de l'homme même.
C'est pour ne pas avoir absorbé
leur destinée alors qu'elle n'était
qu'en eux, et ne pas s'y être trans-

formés, que tant d'hommes en sont venus à ne pas la reconnaître au moment où elle leur échappait pour s'accomplir. Elle apparut alors si étrange à leur effroi que dans leur trouble ils crurent qu'elle leur venait subitement, au point qu'ils auraient juré n'avoir jamais rien rencontré de pareil en eux-mêmes jusque-là. De même qu'on s'est trompé longtemps sur la marche du Soleil, on se trompe encore sur la marche de l'avenir. L'avenir est fixe, cher Monsieur Kappus, c'est nous qui sommes toujours en mouvement dans l'espace infini.

Comment notre condition ne serait-elle pas difficile ?

Et si nous revenons à la solitude, il nous devient de plus en plus clair qu'elle n'est pas une chose qu'il nous est loisible de prendre ou de laisser. *Nous sommes* solitude. Nous pouvons, il est vrai, nous donner le change et faire comme si cela n'était pas. Mais c'est tout. Comme il serait préférable que nous comprenions que nous sommes solitude ; oui : et partir de cette vérité! Sans nul doute serons-nous alors pris de vertige, car tous nos horizons familiers nous auront échappé ; plus rien ne sera proche, et le lointain reculera à l'infini. Seul un homme qui serait placé brusquement, et sans y avoir été aucunement préparé, de sa chambre au sommet d'une haute montagne, éprouverait quelque chose de pareil : une insécurité sans égale, un tel saisissement venu d'une force inconnue, qu'il en serait presque détruit. S'il imaginait qu'il va tomber, ou être jeté dans l'espace, ou encore éclater en mille morceaux, quel monstrueux mensonge son cerveau devrait-il inventer pour qu'il puisse recouvrer ses sens et les mettre en ordre! Ainsi pour celui qui devient solitude, toutes les distances, toutes les mesures changent. Beaucoup de ces changements sont subits. Comme chez cet homme au sommet de la montagne, naissent en lui des images extraordinaires, des sentiments étranges qui semblent défier sa résistance. Mais il est nécessaire que nous vivions *cela* aussi. Nous devons accepter notre existence aussi complètement qu'il est possible. Tout, même l'inconcevable, doit y devenir possible. Au fond, le seul courage qui nous est de-

mandé est de faire face à l'étrange,
au merveilleux, à l'inexplicable que
nous rencontrons. Que les hommes,
là, aient été veules, il en a coûté
infiniment à la vie. Cette vie que
l'on appelle imaginaire, ce monde
prétendu « surnaturel », la mort,
toutes ces choses nous sont au fond
consubstantielles, mais elles ont
été chassées de la vie par une
défense quotidienne, au point que
les sens qui auraient pu les saisir se
sont atrophiés. Et encore je ne
parle pas de Dieu. La peur de
l'inexplicable n'a pas seulement
appauvri l'existence de l'individu,
mais encore les rapports d'homme
à homme, elle les a soustraits au
fleuve des possibilités infinies, pour
les abriter en quelque lieu sûr de la
rive. Ce n'est pas seulement à la

paresse que les rapports d'homme à homme doivent d'être indiciblement monotones, de se reproduire sans nouveautés : c'est à l'appréhension par l'homme d'un nouveau dont il ne peut prévoir l'issue et qu'il ne se sent pas de taille à affronter. Celui-là seulement qui s'attend à tout, qui n'exclue rien, pas même l'énigme, vivra les rapports d'homme à homme comme de la vie, et en même temps ira au bout de sa propre vie. Si nous nous représentons la vie de l'individu comme une pièce plus ou moins grande, il devient clair que presque tous n'apprennent à connaître qu'un coin de cette pièce, cette place devant la fenêtre, ce rayon dans lequel ils se meuvent et où ils trouvent une certaine sécurité. Com-

bien plus humaine est cette insé-
curité, pleine de dangers, qui pousse
les prisonniers, dans les histoires de
Poé, à explorer de leurs doigts leurs
cachots terrifiants, à tout connaître
des frayeurs indicibles qui en vien-
nent ! Mais nous ne sommes pas des
prisonniers. Nulle trappe, nul piège
ne nous menace. Nous n'avons rien
à redouter. Nous avons été placés
dans la vie comme dans l'élément
qui nous convient le mieux. Une
adaptation millénaire fait que nous
ressemblons au monde, au point
que si nous restions calmes, nous
nous distinguerions à peine, par un
mimétisme heureux, de ce qui nous
entoure. Nous n'avons aucune rai-
son de nous méfier du monde, car il
ne nous est pas contraire. S'il y est
des frayeurs, ce sont *les nôtres* :

4

s'il y est des abîmes, ce sont nos abîmes ; s'il y est des dangers, nous devons nous efforcer de les aimer. Si nous construisons notre vie sur ce principe qu'il nous faut aller toujours au plus difficile, alors tout ce qui nous paraît encore aujourd'hui étranger nous deviendra familier et fidèle. Comment oublier ces mythes antiques que l'on trouve au début de l'histoire de tous les peuples ; les mythes de ces dragons qui, à la minute suprême, se changent en princesses ? Tous les dragons de notre vie sont peut-être des princesses qui attendent de nous voir beaux et courageux. Toutes les choses terrifiantes ne sont peut-être que des choses sans secours, qui attendent que nous les secourions.

Aussi, cher Monsieur Kappus, ne

devez-vous pas vous effrayer quand
une tristesse se lève en vous, fût-
elle une tristesse plus grande que
toutes celles que vous avez vé-
cues. Quand une inquiétude passe,
comme ombre ou lumière de nuage,
sur vos mains et sur votre faire,
vous devez penser que quelque
chose se fait en vous, que la vie ne
vous a pas oublié, qu'elle vous tient
dans sa main à elle et ne vous aban-
donnera pas. Pourquoi voulez-vous
exclure de votre vie souffrances,
inquiétudes, pesantes mélancolies,
dont vous ignorez l'œuvre en vous ?
Pourquoi vous persécuter vous-
même avec cette question : D'où
vient tout cela, où va tout cela ? —
Vous savez bien que vous êtes évo-
lution et que vous ne désirez rien
tant vous-même que de vous trans-

former. Si certains de vos états
vous semblent maladifs, dites-vous
bien que la maladie est pour l'orga-
nisme un moyen de chasser ce qui
lui est contraire. Il faut donc aider
cette maladie à suivre son cours.
C'est le seul moyen pour l'orga-
nisme de se défendre et de se déve-
lopper. Tant de choses se font en
vous en ce moment! Soyez patient
comme un malade, et confiant
comme un convalescent : vous êtes
peut-être l'un et l'autre. Bien plus :
vous êtes aussi médecin et c'est à
vous-même que vous devez vous
confier. Mais il y a dans toute mala-
die des jours où le médecin ne peut
qu'attendre. Et pour autant que vous
êtes votre médecin, c'est surtout cela
que maintenant vous devez faire.

Ne vous observez pas trop. Gar-

dez-vous de tirer de ce qui se passe
en vous des conclusions hâtives.
Laissez-vous faire tout simplement.
Sinon vous seriez conduit à vous
reprocher (j'entends du point de
vue moral) votre propre passé, qui
a une part dans tout ce qui vous
advient maintenant. Ce qui agit
encore en vous des errements de
votre enfance, de ses souhaits, de
ses désirs, est tout autre que l'image
que vous en gardez et que vous
condamnez. Une enfance solitaire
et désemparée est si difficile à vivre,
si complexe, livrée à tant d'in-
fluences, et en même temps si étran-
gère aux échanges normaux de la
vie, que là où s'introduit un vice,
il ne faut pas se hâter de l'appeler
vice. De façon générale, l'usage des
mots demande tant de prudence, et

si souvent c'est le seul *nom* de vice qui brise une vie, et non la chose elle-même qui, elle, n'a pas de nom, qui peut même répondre à une nécessité et trouver facilement place dans la vie. Votre dépense de forces ne vous paraît excessive que parce que vous grandissez à l'excès votre victoire. La « grande chose » que vous avez faite ne tient pas dans cette victoire, quoique le sentiment que vous avez d'une victoire soit juste. La grande chose, c'est que vous ayez pu remplacer un mensonge par du sincère et du vrai. Sinon votre victoire n'aurait été qu'un redressement moral sans portée, alors qu'elle correspond à une phase de votre vie, cette vie pour laquelle je forme tant de vœux. Songez combien votre âme d'enfant

enviait le cercle des « grandes per-
sonnes ». Je vois maintenant que ce
cercle des grandes personnes ne vous
suffit plus et que vous aspirez plus
haut. Voilà pourquoi votre vie res-
tera difficile : voilà pourquoi aussi elle
ne cessera de prendre de l'ampleur.

Et s'il me faut vous dire encore
une chose, que ce soit celle-ci : celui
qui s'efforce de vous réconforter, ne
croyez pas, sous ses mots simples et
calmes qui parfois vous apaisent,
qu'il vit lui-même sans difficulté.
Sa vie n'est pas exempte de peines
et de tristesses, qui le laissent bien
en deçà d'elles. S'il en eût été autre-
ment, il n'aurait pas pu trouver ces
mots-là.

Vôtre

RAINER MARIA RILKE.

IX

Furuborg, Jonsered, Suède,
le 4 novembre 1904.

MON CHER MONSIEUR KAPPUS,

Pendant tout ce temps où vous
n'avez rien reçu de moi, j'étais en
voyage, ou très occupé. Écrire m'est
encore difficile : de nombreuses
lettres m'ont fatigué la main. Si je
pouvais dicter, je vous dirais beau-
coup de choses ; mais comme ce n'est
pas, acceptez ces quelques mots
en réponse à votre longue lettre.

Je pense si souvent à vous, cher
Monsieur Kappus, et concentre tel-
lement mes vœux sur vous, que
cela devrait, semble-t-il, vous aider
de quelque manière. Tout à l'in-

verse, je mets souvent en doute que mes lettres vous soient d'un réel secours. Ne dites pas : « Mais oui, elles le sont. » Prenez-les comme elles vous viennent, sans trop m'en remercier, et laissez faire le temps.

Il n'est peut-être pas utile que j'entre dans le détail de ce que vous dites. Tout ce que je pourrais vous dire moi-même sur votre penchant au doute, sur les difficultés que vous éprouvez à accorder votre vie extérieure à votre vie intérieure, ou sur toutes autres, je vous l'ai déjà dit. Je ne puis que formuler une fois de plus le vœu que vous trouviez assez de patience en vous-même pour supporter, et assez de simpli- cité pour croire. Confiez-vous tou- jours davantage à tout ce qui est difficile et à votre solitude. Pour le reste, laissez faire la vie. Croyez-moi, la vie a toujours raison.

Pour ce qui est des sentiments, purs sont tous les sentiments sur lesquels vous concentrez votre être entier et qui vous élèvent; impur est un sentiment qui ne répond qu'à *une partie* de vous-même et par conséquent vous déforme. Tout ce qu'il vous advient de penser quand vous vous reportez à votre enfance est bon. Tout ce qui fait de vous *plus* que vous n'étiez jusqu'ici, dans vos heures les meilleures, est bon. Toute exaltation est bonne si *tout* votre sang y participe, à la condition qu'elle ne soit pas simple ivresse ou trouble, mais une joie claire, transparente au regard jusqu'au plus profond! Comprenez-vous ce que je veux dire?

A UN JEUNE POÈTE

Votre doute lui-même peut deve-
nir une chose bonne si vous en faites
l'éducation : il doit se transformer
en instrument de connaissance et de
choix. Demandez-lui, chaque fois
qu'il voudrait abîmer une chose,
pourquoi il trouve cette chose laide.
Exigez de lui des preuves. Observez-
le : vous le trouverez peut-être
désemparé, et peut-être sur une
piste. Surtout n'abdiquez pas de-
vant lui. Demandez-lui ses raisons.
Veillez à ne jamais y manquer. Un
jour viendra où ce destructeur sera
devenu l'un de vos meilleurs arti-
sans, — le plus intelligent peut-
être de ceux qui travaillent à la
construction de votre vie.

C'est tout ce que je puis vous dire
aujourd'hui, mon cher Monsieur
Kappus. Je vous fais tenir en même

temps un tirage à part d'un poème
que je viens de publier dans la
Deutsche Arbeit de Prague. Là je
continue à vous parler de la vie et
de la mort, et de ceci que l'une et
l'autre sont choses grandes et ma-
gnifiques.

Vôtre

RAINER MARIA RILKE.

X

Paris, lendemain de Noël 1908.

Vous imaginez, cher Monsieur Kappus, toute la joie que j'ai éprouvée en recevant votre belle lettre. Les nouvelles que vous me donnez de vous, qui redeviennent du concret, de l'exprimable, me semblent bonnes. Plus j'y réfléchissais, plus je les trouvais véritablement bonnes. Je voulais vous l'écrire pour la vigile de Noël, mais dans le travail où je vis cet hiver, la vieille fête est survenue si vite que j'eus à peine le temps de m'y préparer et ne pouvais songer à écrire.

Mais j'ai bien souvent pensé à vous pendant ces jours de fêtes. Je

vous voyais si tranquille dans votre
fort, perdu au milieu de ces monta-
gnes désertes sur lesquelles se jettent
les grands vents du midi, comme
pour les dévorer à belles dents!

Quelle souveraineté dans le calme
qui contient de tels bruits, de telles
forces en mouvement! Et quand on
pense que s'y ajoute la présence de
la mer pourtant lointaine et qu'elle
y résonne comme le son le plus
intime d'une harmonie préhisto-
rique, alors on ne peut que vous
souhaiter de vous abandonner avec
foi et patience à l'action de cette
solitude magnifique. Rien ne pourra
plus en priver votre vie. Elle agira
en silence d'une manière continue
et efficace comme une force incon-
nue sur tout ce que vous vivrez et
ferez, comme fait en nous le sang de

nos ancêtres qui forme avec le nôtre cette chose sans équivalence qui d'ailleurs ne se répétera pas, que nous représentons à chaque tournant de notre vie.

Oui, je me réjouis de vous savoir dans ce métier stable, avec ce grade, cet uniforme, ce service, toutes choses tangibles et bien délimitées. Dans un tel cadre votre métier s'exerçant sur une troupe peu nombreuse, et elle aussi isolée, prend un caractère de gravité, de nécessité ; ce n'est plus le jeu ni la perte de temps de la carrière des armes ; c'est un emploi vigilant qui non seulement ne contrarie pas la personnalité, mais la fortifie. Un mode de vie qui nous provoque et nous oppose de loin en loin à de grandes choses de la vie : voilà ce qu'il nous faut.

L'art, lui aussi, n'est qu'un mode de vie. On peut s'y préparer sans le savoir, en vivant de façon ou d'autre. Dans tout ce qui répond à du réel on lui est plus proche que dans ces métiers ne reposant sur rien de la vie, métiers dits artistiques, qui, tout en singeant l'art, le nient et l'offensent. Il en va ainsi du journalisme, presque de toute la critique, des trois quarts de ce qu'on appelle ou voudrait appeler : la littérature. En un mot, je me réjouis que vous ayez évité de tels chemins et soyez solitaire et courageux dans la rude réalité. Que l'année qui vient vous maintienne dans cette voie et vous y fortifie.

Toujours vôtre

Rainer Maria Rilke.

RILKE

ET

LA VIE CRÉATRICE

RILKE
ET LA VIE CRÉATRICE

« Pour aborder les œuvres d'art, écrit Rilke, rien n'est pire que la critique. L'amour seul peut les saisir, les garder, être juste envers elles. » Aussi bien n'est-ce pas une critique que j'entreprends ici. Les notes qui vont suivre ne sont que des résonances, des élans venus d'une lecture passionnée, des clartés surgies d'un texte fraternel, — toutes choses qui n'appartiennent pas à l'appréciation, mais à l'émotion, à l'amour, à la reconnaissance.

LA VIE CRÉATRICE

*
* *

Les *Lettres à un jeune poète* sont
d'abord un essai sur les créations de
l'esprit. C'était là toute la définition
que je croyais pouvoir en donner,
quand je commençai de les traduire.
Mais elles ne sont pas cela seule-
ment. L'objet créé n'y a même pas,
pourrait-on dire, le souci principal
du poète. Pour Rilke, d'ailleurs,
créer, c'est d'abord se créer. Nous
ne sommes nous-mêmes, avant de
nous être faits, qu'ébauches, que
possibles; et la première matière
qui s'offre au créateur, c'est lui-
même. Il s'agit, dans ces entretiens,
de l'emploi total de la vie, d'un per-
fectionnement de l'homme entier,
et ainsi de l'œuvre, non dans le sens
où l'on dit « œuvre » en littérature,

— ce qui ne relève que d'un juge-
ment littéraire, — mais dans un
sens très voisin de celui où l'en-
tendent les mystiques : cet emploi
de la vie sur lequel l'homme est
jugé. Aimant m'expliquer sur les
choses à la lumière des mots, je
compte saisir une autre occasion
d'interroger le mot « œuvre » et de
parler de cette union par le langage
de deux notions aussi distinctes
l'une de l'autre que le bien l'est du
beau, — et qui n'en reposent pas
moins l'une et l'autre sur la re-
cherche de la perfection et sur la
poursuite de la durée par l'homme,
dans le temps si court de son pas-
sage. Ici, je voudrais seulement po-
ser ce jalon : le bien-faire est indi-
visible et veut l'emploi de tout
l'homme.

LA VIE CRÉATRICE

*
* *

« Créer » est le mot central de Rilke, quand il s'exprime sur la vie. C'est d'ailleurs un sens vital qu'il attache à ce mot. Créer n'est pas, pour lui, un acte de l'homme parmi d'autres. C'est la dépense naturelle de la vie, la manifestation de toute vie. Bien avant que ne me fût révélée l'œuvre de Rilke, j'avais écrit moi-même : « Créer, c'est l'acte même de la vie, son affirmation, sa contrainte, ou mieux c'est la puissance que la Nature confia à toute vie, pour la réalisation de ses plans éternels. Nous ne saurions donc ici séparer l'instinct qui porte notre être physique à transmettre la vie et le besoin de notre personne de s'affirmer par ses créations... Ces deux contraintes ont la même source, ou plus exactement ce ne sont là que les deux aspects de ce triomphe de l'individu par lequel la Nature poursuit son propre triomphe. » On me pardonnera, je pense, de me citer là, en songeant à ce que dut être pour moi cette rencontre. « Qu'elle soit de la chair ou de l'esprit, dit en effet Rilke, de façon toute voisine, la fécondité est une : car l'œuvre de l'esprit procède de l'œuvre de chair et partage sa nature. Elle n'est que la reproduction en quelque sorte plus mystérieuse, plus pleine d'extase, plus éternelle de l'œuvre charnelle. » Aussi bien, d'ailleurs, cet instinct d'immortalité qui conduit tout ce qui vit, par la voie du plaisir, aux

fins de la Nature est-il la matière
même du court essai qui fut pour
moi la suite naturelle de mes pre-
mières « réflexions sur le besoin de
créer ». Qu'il me soit ainsi permis
d'entrer moi-même avec le poète
dans cette secrète région du faire.

*
* *

C'est un grand signe d'infortune
que de se sentir uniquement né pour
faire. Faire, j'entends : construire,
ouvrer, marquer de son empreinte,
laisser le plus possible de soi-même.
Faire, en ce sens, s'oppose à jouir.
Un homme parfaitement heureux,
quelque doué qu'il soit, ne créerait
pas. Quant à celui qui cherche dans
une œuvre inlassablement pour-

suivie quelque chimérique unité à
sa vie, comme s'il n'avait de « moi »
que par elle, il est proprement mar-
qué du malheur. L'homme heureux
est divers. Sa seule unité, qu'il ne
fait que subir, c'est sa nature parti-
culière, avec ses besoins successifs
et contradictoires. Rilke ressentit,
semble-t-il, plus qu'aucun autre
écrivain, la dure contrainte de faire.
Créer fut sa respiration. Et quand
il créait, il se donnait au point qu'a-
près ces explosions que furent ses
diverses œuvres lyriques, il connais-
sait des fléchissements qui l'obli-
geaient à des cures véritables. Le
rythme de sa vie se confond propre-
ment avec celui de ses créations :
succession de grossesses qu'il sup-
portait avec la soumission et la pa-
tience fonctionnelles de la femme,

s'accordant à peine, après chaque délivrance, le répit qu'exigeait son organisme. Aussi représente-t-il, selon moi, un cas limite de créateur. Pour ce qui est des *Lettres à un jeune poète*, on ne saurait dire si elles tirent le plus de prix des lois générales de la création qu'y exprime le poète, ou du trouble que lui cause l'inspiration, plus précisément la pesée de cette inspiration sur lui-même. Au vrai, il est deux sortes de créateurs : ceux qui créent dans l'abondance et dans la joie, obéissant tout naturellement à leur loi, sans s'interroger sur le mécanisme qui les fait créer, et ceux qui ressentent si durement la contrainte de créer qu'ils seraient portés davantage à parler du poids de l'inspiration qu'à s'abandonner à la

leur. On ne saurait dire non plus si
l'état maladif de Rilke vient de
cette pesée, ou si, à l'inverse, c'est à
son état maladif que se rattachent
à la fois l'emploi qu'il fit de la vie et
les clartés qui lui en vinrent. On discu-
tera longtemps sur ce que cer-
tains ont appelé la « névrose » de
Rilke ; dans les fléchissements de
l'âme il est en effet presque impos-
sible de faire la part de la faiblesse
de l'homme et celle de l'ampleur de
la vocation. L'équilibre est un rap-
port entre ce que l'homme exige de
lui-même et ce qu'il peut.

*
* *

Disons, de la plus simple manière,
que Rilke ne se sent vivre qu'en

créant. Quand il ne s'efforçait pas
vers une œuvre, il était comme une
somme de possibles qui souffraient.
On a parlé à son propos de « désa-
grégation du moi ». Le vrai est qu'il
ne jouissait de son moi que dans le
don. Pour lui, ne pas donner, c'était
proprement ne pas éprouver son
existence. N'ayant vécu pour ainsi
dire que ses créations, il ne connut
d'autre moi que celui de ses œuvres
successives, s'étant d'ailleurs cher-
ché lui-même en chacune. Il semble
que le moi soit à l'image de la lu-
mière : tout à la fois la chose la plus
simple, la plus directe, la plus im-
médiatement perceptible, — et la
plus complexe en dépit de sa sim-
plicité apparente, la moins définiss-
able. A se porter sur son moi, la
pensée de l'homme risque sa paix,

comme s'il s'agissait là d'un do-
maine interdit, défendu contre nos
questions. Comme fait le prisme de
la lumière, la pensée décompose, ou,
si l'on veut, désagrège le moi et ris-
que par contre-coup de s'y perdre.
Aussi bien n'est-il pas naturel à
l'homme de s'interroger ainsi sur
les éléments les plus spontanés de
lui-même. Pour qu'il s'y sente con-
traint, il faut qu'il mette en doute
sa spontanéité elle-même, plus pré-
cisément qu'il s'inquiète de choses
de lui étrangères à son vouloir. De
semblables interrogations ont tou-
jours comme origine quelque chose
de l'ordre du malheur, intervenu si
tôt dans la vie que l'individu en a
été marqué : enfance difficile ou dis-
positions naturelles à l'inquiétude,
ayant fait de tout problème et ques-

tion. Ce mot « question » est par-
tout dans Rilke, et aussi le mot
« difficile ». « Nous savons peu de
choses, écrit-il, mais qu'il faille nous
tenir au difficile, c'est là une certi-
tude qui ne doit pas nous quitter.
Il est bon d'être seul parce que la
solitude est difficile... Il est bon
aussi d'aimer : car l'amour est diffi-
cile... » On le voit : même le plus
spontané est pour Rilke réflexion,
choix, problème à résoudre, diffi-
culté à surmonter. Il dit tout cela
d'un mot : travail : « Dans l'amour,
quand il se présente, ce n'est que l'o-
bligation de travailler à eux-mêmes
que les êtres jeunes devraient voir...»
C'est que Rilke demande à l'amour
lui-même de se subordonner à
l'œuvre, entendue de ce perfection-
nement en quoi tient, pour lui, la

vie du poète. « L'amour, écrit-il ex-
pressément, c'est l'occasion unique
de mûrir, de prendre forme. » Rilke
ne prétend pas d'ailleurs qu'une
telle poursuite comporte des règles
générales. Il dit, tout au contraire,
qu'il y faut « pour chaque cas une
réponse unique, étroitement person-
nelle ». Il dit surtout que cette ré-
ponse ne doit pas être forcée, qu'on
doit l'attendre de la vie elle-même
et que l'homme est impuissant à en
précipiter la venue. « Je voudrais
vous prier, recommande-t-il à son
disciple, d'être patient en face de
tout ce qui n'est pas résolu dans
votre cœur. Efforcez-vous d'aimer
vos questions elles-mêmes, chacune
comme une pièce qui vous serait
fermée, comme un livre écrit dans
une langue étrangère. Ne cherchez

pas pour le moment des réponses
qui ne peuvent vous être apportées,
parce que vous ne sauriez pas les
mettre en pratique, les « vivre ». Et
il s'agit précisément de tout vivre.
Ne vivez pour l'instant que vos
questions. Peut-être, simplement
en les vivant, finirez-vous par en-
trer insensiblement, un jour, dans
les réponses. »

*   *
*

C'est une chose fort curieuse que
cet homme pour qui tout est ques-
tion, effort réfléchi, travail, qui sans
cesse met en garde son disciple
contre l'impulsion, contre les solu-
tions faciles, qui de l'amour déclare
« c'est l'épreuve la plus difficile pour
chacun de nous : il faut apprendre à

aimer », — fasse tenir toute la sagesse dans l'abandon à « ce qui vient ». C'est que Rilke est bien loin d'entendre par là l'impulsion de l'homme, le premier instinct ressenti, les quatre vents de l'esprit. « Ce qui vient », c'est une voix qui ne se fait entendre qu'à « l'homme de solitude », une voix perdue et retrouvée ; c'est la voix même de la Nature, sa loi dans son application à chacun de nous. C'est le déroulement naturel des choses, à quoi chaque homme peut, en ce qui le concerne, mettre obstacle, du fait de la liberté qu'il détient et des erreurs auxquelles il est ainsi exposé. Rilke s'en explique lui-même à plusieurs reprises dans ses *Lettres à un jeune poète*. « Laissez à vos jugements leur développement propre, silencieux.

Ne le contrariez pas ; car, comme tout progrès, il doit venir du plus profond de votre être, et ne peut souffrir ni pression, ni hâte. Porter jusqu'au terme, puis enfanter : tout est là. Il faut que vous laissiez chaque impression, chaque germe de sentiment mûrir en vous dans l'obscur, dans l'inexprimable, dans l'inconscient, ces régions fermées à l'entendement. » Et plus loin : « Être artiste, c'est croître comme l'arbre qui ne presse pas sa sève, qui résiste, confiant, aux grands vents du printemps, sans craindre que l'été puisse ne pas venir. » Rilke nous donne par là à entendre que l'homme est moins bien partagé que tout le reste de ce qui vit, — en ce sens que les animaux et les plantes réalisent naturellement leur destin, alors que

LA VIE CRÉATRICE

l'homme ne saurait se plier au dessein qu'a sur lui la Nature, avant de l'avoir découvert. Mais c'est bien la même loi qui régit tout ce qui vit. Et la création littéraire elle-même, pour si personnel que soit son fruit, ne vaut que si elle façonne ses manières sur celles de la Nature, se pliant, pour ainsi dire, au rythme des saisons. Cette lente germination de tout sentiment, de toute impression « dans l'obscur, dans l'inexprimable, dans l'inconscient, ces régions fermées à l'entendement », qu'est-ce d'autre que le travail secret de la terre, dans le temps où l'on dit qu'elle sommeille ? L'homme ne peut ici et là que confier son germe et attendre. Alors que les choses se font en lui, le poète ne saurait précipiter l'éclosion de son œuvre plus que l'homme des champs la levée de ses semailles. Ce serait à dire que, pour Rilke, la création littéraire n'est qu'un chapitre de l'Histoire naturelle, si l'on ne risquait, par un tel mot, de laisser croire qu'il en va là, pour lui, d'une théorie, d'un système. Et chez lui rien n'est système : tout est spontané, tout est ressenti. Il ne cherche même pas à convaincre, mais à gagner.

*
* *

Aucun mot d'école ne saurait ainsi entièrement convenir à la pensée de Rilke. Pas même ce mot « panthéisme » que l'on a souvent dit à son propos. A moins que l'on n'entende par panthéisme la poésie

même. Panthéisme, si l'on veut ce
vouloir prêté à tout être dans la
poursuite de sa propre perfection,
dans sa participation à l'effort du
monde pour s'accomplir. Mais com-
bien à ce mot d'école je préfère le
mot « charité »! Dans charité il y a
« don », il y a « brûler », il y a
« dépense de soi-même »; il y a ce
dénuement à quoi l'être qui donne
est conduit. Au vrai, Rilke est ému
par tout ce qui vit. La Nature n'est
pas pour lui un spectacle : c'est de
la vie partagée. Et rien, dans la
Nature, n'est indigne de la commu-
nion du poète. Pour le poète, se
plaît-il à dire, rien n'est petit; pour
le créateur rien n'est pauvre. « Si
vous vous accrochez à la Nature,
déclare-t-il à son disciple, à ce qu'il
y a de simple en elle, de petit, qui

tout à coup devient l'infiniment grand, l'incommensurable, si vous étendez votre amour à tout ce qui vit, si très humblement vous cherchez à gagner en serviteur la confiance de ce qui semble misérable, — alors tout vous deviendra plus facile, vous semblera plus harmonieux et, pour ainsi dire, plus conciliant. » Qu'est-ce là d'autre, je vous le demande, qu'une charité qui s'étend à tout ce qui vit, qui ne compare pas, qui ne donne pas de rang, qui ne connaît d'autre loi que son besoin de se dépenser ? Dans le profond, d'ailleurs, tout se rejoint. Le monde est, pour chacun de nous, peuplé de parentés, et c'est le propre du poète de les ressentir. Éprouvant toute vie comme la sienne, Rilke prête naturellement

une âme à tout ce qui vit, participe
à la lutte de chaque être, partage
ses difficultés. C'est la charité de
Virgile. Rilke parle de cette peine
de l'homme d'où vient toute créa-
tion, comme de ces pluies fertili-
santes que la terre sait attendre
dans la patience, si près elles-mêmes
par le bienfait qu'elles apportent du
don des larmes des mystiques. Cha-
rité, source commune de la poésie
et de la mystique, — le perfection-
nement personnel ici et là n'étant
recherché que pour aborder plus
pur tout ce qui vit et avoir du bien
à répandre. Cette charité est par-
tout dans la poésie, même chez ces
écrivains hautains et retranchés qui
paraissent étrangers à la commu-
nion des êtres, sans doute parce
qu'ils ont réservé toute leur charité

au langage. Rilke, certes, ne fut pas de ceux-là. Sinon on ne s'expliquerait pas l'attrait qu'il exerça sur tous ceux qui le connurent. Car il fut proprement aimé et sut se créer tout le long de sa vie, et par delà même, une véritable famille spirituelle qui lui reste attachée. C'est qu'il n'y avait pas en lui seulement ce constructeur de soi-même, tout tendu vers l'œuvre. Il se penchait sur tout être comme sur toute chose, et pour donner autant que pour prendre. Si l'on ne trouve pas dans ses ouvrages ce conseil : « Travaillez aux autres », alors qu'il dit : « Travaillez à vous-même », c'est qu'il travaillait aux autres si spontanément qu'il ne songea même pas à tirer un précepte d'une dépense qui lui était naturelle. Je crois, pour

ma part, que chaque rencontre fut
pour lui une œuvre. Aussi son
œuvre, dans le sens où il nous con-
vie de prendre ce mot, s'étend-elle
bien au delà de tout ce qu'il nous
a laissé. D'autres raisons d'ailleurs
nous donnent à croire qu'il ne fit
pas tout de son œuvre écrite. Il ne
chercha jamais aucune récompense ;
il fut, à ma connaissance, le plus
humble des créateurs. Sans doute se
sentait-il récompensé dans chaque
rencontre par la dépense qu'elle lui
permettait. Si le besoin de donner
est à la base de toute création, le
créateur n'en ramène pas moins,
par le biais de la gloire, tout à soi-
même. Rilke, lui, semble avoir
donné sans rien demander en
échange, à la façon du plus fervent
des franciscains.

LA VIE CRÉATRICE

*
* *

Ici se place la solitude. Devant
même que d'être la condition de
toute création, la solitude de
l'homme est, pour Rilke, d'abord
un fait. « Au fond, écrit-il, et préci-
sément pour l'essentiel, nous som-
mes indiciblement seuls. Pour que
deux êtres parviennent à se con-
seiller, à s'aider l'un l'autre, il faut
bien des rencontres et des aboutis-
sements. Toute une constellation
d'événements est nécessaire pour
une seule réussite. » Et plus loin :
« Si nous revenons à la solitude, il
nous devient de plus en plus clair
qu'elle n'est pas une chose qu'il
nous soit loisible de prendre ou de
laisser. Nous sommes solitude. Nous

pouvons, il est vrai, nous donner le change, et faire comme si cela n'était pas. Mais c'est tout. Comme il serait préférable que nous comprenions que nous sommes solitude ! Oui : et partir de cette vérité. » Une telle vérité, Rilke n'entend pas la réserver à la vie créatrice. Si, chez le créateur, la solitude revêt des formes particulières et offre un emploi sur quoi il s'étend dans la suite, là il déclare que, pour l'essentiel, tout homme est seul. Le commun n'ignore pas d'ailleurs que, dans toutes les grandes décisions de la vie, chacun ne peut en rien compter sur les autres, et aussi qu'il doit supporter seul les véritables douleurs qui l'atteignent. Mais nul écrivain, à ma connaissance, n'a su, mieux que Rilke, nous

enseigner que proprement les voca-
tions se digèrent dans la solitude,
comme les douleurs, jusqu'à ce mo-
ment où elles font partie de notre
substance. Tout au début de ses
précieuses *Lettres à un jeune poète*,
après avoir conseillé à son disciple
de s'interroger profondément sur sa
vocation, il lui déclare que si cette
descente en lui-même lui révèle
qu'il n'est pas né pour écrire, une
telle plongée n'aura pas été vaine.
« Votre vie, dit-il, lui devra en tout
cas des chemins à elle. » Et, pour
Rilke, tout est là. Vivre sa vraie
vie, celle à laquelle on était appelé.
Et, pour lui, toute vie est créatrice,
en ce sens que l'homme ne peut
impunément transgresser cette loi
de la Nature qui veut que « tout
être se développe et se défende

selon son mode et tire de lui-même
cette forme unique, qui est son
propre, à tout prix et contre tout
obstacle ». Cette « forme unique » :
on pense à l'œuvre. Mais Rilke
entend là l'homme même, dans le
meilleur usage qu'il fait de la puis-
sance que lui a confiée la Nature
pour la réalisation de ses plans éter-
nels. Les deux sens du mot « génie »,
si près du mot engendrer. « Nous
sommes ici-bas pour nous immorta-
liser », avait écrit Gœthe. Tout
homme est ainsi créateur par le
choix qu'il fait, entre ses dons, de
ceux qui doivent le mieux lui per-
mettre de s'accomplir et de se per-
pétuer. Ainsi, dit Rilke, « la desti-
née ne vient pas du dehors à
l'homme, elle sort de l'homme
même ».

LA VIE CRÉATRICE

*
* *

Et quand le destin est de créer,
c'est-à-dire de donner naissance à
une œuvre, ce ne sont, pour le créa-
teur, que les proportions qui chan-
gent. Pour ce que les autres en
recueillent, ce en quoi tient le mot
« œuvre » dans son sens littéraire,
Rilke s'y étend peu, au moins dans
les *Lettres à un jeune poète*. Il
semble, je l'ai dit, avoir réservé là
tout son souci au créateur. Mais
sur l'ampleur de la solitude du créa-
teur, sur l'emploi des tourments
qu'elle lui cause, Rilke trouve vrai-
ment des accents auxquels nul ne
peut rester insensible. C'est d'abord
à cette impression de vide qui se
fait autour de la personne qu'il
reconnaît l'appel de l'art : « Aimez

votre solitude, écrit-il à son disciple, supportez-en la peine; et que la plainte qui vous en vient soit belle. Vous dites que vos proches vous sont lointains : c'est qu'il se fait un espace autour de vous. Si tout ce qui est proche vous semble loin, c'est que cet espace est déjà très étendu. » Rilke là confond presque, semble-t-il, solitude et inspiration, voyant, comme les mystiques, dans la solitude l'état qu'exige l'Esprit pour souffler. Aussi parle-t-il de la croissance de la solitude comme tel autre des heures qui précèdent l'inspiration, ressenties par le créateur comme du vide, alors que se prépare le triomphe de l'une de ces puissances qui luttent encore entre elles dans son âme. « Peut-être ces heures,

écrit-il, sont-elles précisément celles
où la solitude grandit, et sa crois-
sance est douloureuse comme la
croissance des enfants et triste
comme l'avant-printemps. N'en
soyez pas troublé. Une seule chose
est nécessaire, la solitude. La
grande et intime solitude. Aller en
soi-même et ne rencontrer durant
des heures personne, c'est à cela
qu'il faut parvenir. » Rilke fait
d'ailleurs pour ainsi dire de la soli-
tude la matière même de l'inspi-
ration, pensant, comme il convient,
que nous ne tirons rien que de nous-
mêmes. « Concentrez-vous, dit-il,
sur tout ce qui se lève en vous,
faites-le passer avant tout ce que
vous observez au dehors. Vos évé-
nements intérieurs méritent tout
votre amour. Vous devez y tra-

vailler, sans perdre trop de temps
ni trop de force à éclaircir vos rap-
ports avec les autres. Qui vous dit
d'ailleurs qu'il en est pour vous ? »
Pour décrire cette lente prépara-
tion de l'homme à la visite de l'Es-
prit, — véritable Visitation au sens
religieux de ce mot, — pour dire ce
patient engrangement dont tout
créateur doit longtemps se conten-
ter avant de songer à dépenser,
Rilke emploie le langage même de
la mystique. Tout apprentissage,
écrit-il, est un temps de « clôture ».
Le mot « bien », c'est-à-dire chose
bonne et qui aide, est d'ailleurs plus
fréquent sous sa plume que le mot
« beau », c'est-à-dire chose que l'on
admire. La littérature semble même
être pour lui surtout du bien ap-
porté. Mais c'est peut-être dans sa

façon de parler de l'emploi de la
douleur qu'il est le plus près des
mystiques. « Si notre regard por-
tait au delà de la connaissance,
écrit-il, nous recueillerions avec
plus de confiance encore nos tris-
tesses que nos joies. » Comme cela
est près de cette façon de dire de
l'auteur de l'Imitation, parlant de
ces heures de « sécheresse » par quoi
souvent Dieu s'annonce !

**

Au vrai, cet essai sur la vie créa-
trice que sont les *Lettres à un
jeune poète* a une couleur d'évan-
gile. Rilke semble même avoir voulu
ramasser dans une façon de para-
bole tout l'essentiel de son message.
La peur en est le centre. Rilke,

pour préparer son disciple à ces proportions terrifiantes que prend la solitude chez le créateur, à ce brusque transport de son monde temporel dans celui de la création, à la fuite de ses horizons familiers, à la perte de ses repères, de ses appuis, lui propose l'image de « l'homme sur la montagne ». « Sans nul doute, écrit-il, — parlant de la solitude acceptée par le créateur, — serons-nous alors pris de vertige, car tous nos horizons familiers nous auront échappé; plus rien ne sera proche, et le lointain reculera à l'infini. Seul un homme qui serait placé brusquement, et sans y avoir été aucunement préparé, de sa chambre au sommet d'une haute montagne, éprouverait quelque chose de pareil : une insé-

curité sans égale, un tel saisisse-
ment venu d'une force inconnue,
qu'il en serait presque détruit. S'il
imaginait qu'il va tomber, ou être
jeté dans l'espace, ou encore éclater
en mille morceaux, quel mons-
trueux mensonge son cerveau
devrait-il inventer pour qu'il
puisse recouvrer ses sens et les
remettre en ordre ! » On a souvent
écrit, et d'assez mauvaise manière,
que toute l'œuvre de Rilke était
« sous le signe de l'effroi ». Ne peut-
on pas penser que l'habitation de
son âme par cet étranger qu'est le
démon de la création est une des
causes de cette terreur naturelle ?
Je sais bien que ces hommes que
les magisters de l'âme appellent
des inadaptés sont portés à se créer
un monde à eux, en remplacement

de celui où ils ne peuvent vivre, et
qu'ainsi, en un certain sens, tous les
anxieux « créent » à leur manière,
ne serait-ce que pour prendre con-
science de leur personne. Mais là,
tout tient dans la valeur de ces
créations, dans ce que les autres
peuvent en recueillir. Et peut-on
nier qu'en dépit, et à cause
peut-être de cette nécessité quasi
maladive de créer, Rilke nous ait
apporté des clartés fulgurantes sur
la tyrannie de l'inspiration? Ne
devait-il pas ressentir en devoir
véritable l'obéissance à son tyran
puisqu'il lui fut redevable d'une
œuvre qui demeurera? Et com-
ment, ayant payé cette œuvre de
tant de souffrance, n'aurait-il pas eu
le sentiment terrifiant qu'il n'était
plus le maître de sa personne?

LA VIE CRÉATRICE

*
* *

Rilke nous offre ainsi, par sur-
croît, un cas personnel du plus haut
prix. Sans doute, toute création
demande, comme le proclame le
poète, l'emploi de tout l'homme;
mais cette nécessité de se donner
entièrement à l'œuvre n'est pas,
heureusement, pour tous les écri-
vains une sorte de « contrainte sous
menace de mort ». Et l'on peut
presque dire que, pour Rilke, l'écri-
ture représenta le moyen de ne pas
laisser la douleur triompher, par ses
façons misérables, de toute sa vita-
lité. Son « mourriez-vous s'il vous
était défendu d'écrire? », si émou-
vant dans son raccourci, et si vrai,
d'une vérité générale, pour ce qui

est de cette nécessité de dire, sans quoi il ne devrait pas être d'écriture, revêt un pathétique bien plus grand si l'on songe que l'œuvre représenta pour Rilke presque un moyen de ne pas sombrer, plus précisément de ne pas être étouffé par ses dons. S'il est vrai, comme le dit quelque part François Mauriac, qu'une œuvre vaut « dans la mesure où une destinée s'y reflète », l'œuvre de Rilke est parmi les plus hautes de la littérature. Pour ma part, je pense qu'une œuvre ne peut durer qu'au prix d'une totale indépendance vis-à-vis de son créateur, que si elle est elle-même une personne et capable elle-même de donner la vie. C'est même, selon moi, le privilège des chefs-d'œuvre d'être vivants et féconds comme leur

créateur, au point que l'on pour-
rait raconter la vie de chacun d'eux
et celle de sa progéniture, comme
l'on écrirait l'histoire d'un humain
et de sa descendance. Il n'en reste
pas moins que les traces de la per-
sonne que garde l'œuvre, parce que
l'auteur a été impuissant à s'en
détacher entièrement, revêtent le
pathétique particulier de cette
chose sans équivalence qu'est
chaque destin. De tels stigmates
ne sont pas le moindre attrait de
l'œuvre à laquelle j'ai voulu faire
écho.

BERNARD GRASSET.

TABLE

TABLE

—

L'impression de ce livre
a été réalisée sur les presses
des Imprimeries Aubin
à Poitiers/Ligugé

pour les Editions Grasset

Achevé d'imprimer le 13 janvier 1982
N° d'édition, 5739 — N° d'impression, L 14254
Dépôt légal, janvier 1982

ISBN 2-246-00047-5

Imprimé en France